LA PROCESSION DITE *DE LA LUNADE*

ET

LES FEUX DE LA SAINT-JEAN

À TULLE (BAS LIMOUSIN),

PAR

M. DELOCHE.

EXTRAIT DES MÉMOIRES DE L'ACADÉMIE DES INSCRIPTIONS ET BELLES-LETTRES,
TOME XXXII, 2ᵉ PARTIE.

PARIS.

IMPRIMERIE NATIONALE.

M DCCC XC.

LA
PROCESSION DITE *DE LA LUNADE*
ET LES FEUX DE LA SAINT-JEAN
À TULLE (BAS LIMOUSIN).

LA PROCESSION DITE *DE LA LUNADE*

ET

LES FEUX DE LA SAINT-JEAN

À TULLE (BAS LIMOUSIN),

PAR

M. DELOCHE.

EXTRAIT DES MÉMOIRES DE L'ACADÉMIE DES INSCRIPTIONS ET BELLES-LETTRES,
TOME XXXII, 2ᵉ PARTIE.

PARIS.

IMPRIMERIE NATIONALE.

M DCCC XC.

LA PROCESSION DITE *DE LA LUNADE*

ET

LES FEUX DE LA SAINT-JEAN

À TULLE (BAS LIMOUSIN).

L'adoration du soleil et de la lune au moyen âge. — La fête du solstice d'été et la fête de la nativité de saint Jean-Baptiste. — Les feux de joie *sacrilèges*, les feux *solsticiaux* ou *de la Saint-Jean*. — Le port des idoles et le transport des statues des saints dans la campagne. — Le commencement de la période diurne chez les Gaulois, dans l'antiquité et au moyen âge.

Le titre principal de ce mémoire annonce un sujet qui paraît tout d'abord n'offrir qu'un intérêt local. Mais, par l'époque de l'année et l'heure où l'on célèbre la solennité dont nous allons nous occuper, par le rite suivant lequel elle s'accomplissait dans les siècles passés et s'accomplit encore de nos jours, elle se rattache visiblement aux cultes primitifs qui eurent pour objet les astres et les puissances naturelles, et aux antiques superstitions de nos aïeux; elle nous montre la persistance, au moyen âge, de cérémonies païennes et du système usité pour la mesure du temps dans l'ancienne Gaule.

§ 1.

DESCRIPTION DE LA PROCESSION *DE LA LUNADE*, QUI A LIEU, LE 23 JUIN AU SOIR, EN L'HONNEUR DE SAINT JEAN-BAPTISTE. — LÉGENDE ET OPINIONS RELATIVES À SON ORIGINE.

Depuis une date fort reculée et qui remonte au moins à quatre siècles, on célèbre, chaque année, en bas Limousin, le soir du 23 juin, une fête appelée *le Tour de la Lunade*. C'est une procession qui a lieu en l'honneur de saint Jean-Baptiste, la veille de sa Nativité.

Après le coucher du soleil et dès que la lune paraît à l'horizon, le clergé de la cathédrale et des trois autres paroisses de la ville, les confréries de pénitents blancs et bleus, les congrégations religieuses, suivis d'un nombreux concours de fidèles, sortent de l'église cathédrale, portant en grande pompe la statue du saint Précurseur. Cette statue en bois de chêne, grossièrement sculptée et noircie par le temps, est vêtue comme une madone italienne, d'une robe, ou plus exactement d'un riche manteau de soie, noué au cou et ne laissant paraître ni les bras ni la taille; la tête est ceinte d'un diadème en argent ou cuivre doré.

En 1680, un ecclésiastique du pays, le P. Béril, publia un opuscule intitulé *la Sainte Lunade de Saint Jean-Baptiste*, qu'il adressa à Étienne Baluze, et qui est à la Bibliothèque nationale parmi les manuscrits de l'illustre érudit[1]. Suivant l'itinéraire qui y est minutieusement décrit et qui est actuellement encore, ou du moins était naguère observé, le cortège gravit les rampes abruptes d'un faubourg situé à l'est de la ville, parcourt les hauts plateaux qui la dominent, et, après des stations

---

[1] Vol. 263, fol. 177 et suivants. Le P. Béril était curé de Saint-Salvadour, paroisse rurale voisine de Tulle. Cette brochure de 36 pages fut imprimée «à Tulle, chez Jean Dalvy, imprimeur du clergé et du collège de Mauriac, 1680.»

faites devant sept oratoires ou chapelles[1] établis sur son passage, rentre dans l'église, où l'on replace la statue du saint sur l'autel qui lui est consacré.

Quelle est l'origine de cette curieuse solennité, la plus populaire, assurément, de la contrée?

La plus ancienne mention que j'en aie rencontrée jusqu'ici se trouve dans un extrait de registres des actes de notaires de Tulle. Un acte, daté du 27 juin 1490, désigne la position d'une terre et d'une vigne situées dans le voisinage immédiat de la ville, et confrontant notamment « avec un chemin appelé *le chemin de la Lunade* », « cum itinere vocato *lo chami dé lo Lounado*[2] ».

Nous sommes ainsi assurés que la procession dont il s'agit remonte à une époque antérieure à 1490; mais à cela se bornent, comme on va le voir, les notions précises et certaines que nous possédons sur ses commencements.

D'après le P. Béril, le vœu de la Lunade aurait été fait en l'honneur de saint Jean-Baptiste dans l'année 1340, à cause «de la peste, de la famine et de la guerre qui ravageaient le

---

[1] Voici, d'après l'opuscule précité du P. Béril, l'ordre dans lequel les stations étaient placées, du moins au XVII° siècle : la première était la chapelle de l'église cathédrale dédiée à saint Jean; la deuxième, une chapelle sise au faubourg d'Alverge et nommée *de la Présentation Notre-Dame*; la troisième, l'oratoire dit *de Saint-Jean*, bâti sur un petit coteau appelé *le petit Calvaire*; la quatrième, l'oratoire dit *de la Malaurie*, situé au milieu d'un bois; la cinquième, l'oratoire dit *de Breyge*, construit à l'entrée septentrionale du plateau; la sixième, l'oratoire dit *de la Bachellerie*; la septième et dernière, la chapelle *des Malades*, qui avait pris depuis peu le nom de *Notre-Dame de la Santé*.

[2] Nous donnons ici le texte complet de ce passage intéressant : « Terram et vineam sitas in parochia Sancti Juliani, et in pertinentiis mansi de Chambos, confrontantes cum itinere publico per quod itur de civitate Tutelle ad locum de Gimello, et cum itinere vocato *lo chami de lo Lounado*... (*Arch. départem. de la Corrèze*, Registres des actes de notaires de Tulle, des XV°, XVI° et XVII° siècles, Reg. 50, fol. 153, v°.)

Limosin[1] », et l'écrivain invoque, à l'appui de cette énonciation : 1° un prétendu titre qu'il désigne en ces termes : « Extrait du livre de saint Jean-Baptiste, en lettre gothique (*sic*) sur le parchemin, en vieux limosin; » 2° une déclaration d'un habitant notable de Tulle, attestant la tradition établie à ce sujet.

Voici, telle qu'elle est rapportée par le P. Béril, la première de ces pièces, qui, nous le prouverons bientôt, a dû être confectionnée à une époque de beaucoup postérieure à celle des événements dont il s'agit :

« L'an millo tres cent quarante, en lo citat et villo de Tulo, et en tout lo part olentour, avia granda aversitat, tant de guerra, de fomina, que de mortalitat, et fut avisa et ordonnat per los prud'hommes et dévots de la d. citat, una solemnitat et confraria, o l'honnour de Diu, de nostra Dama et de Monseignour S. Jean-Baptista, châcun an, el moustié de Tulo, ofin qué Monseignour S. Jean-Baptista fut intercessour de lous préserva de la dita adversitat; et incontinent quoguérou commençat la dita festa, la dita citat et pays tournéren en grando prospéritat per lo intercessiu de Monseignour S. Jean. Et fara si Diou play. De laquella festa s'en seguent las Ordonnanças, etc. (*sic*)[2]. »

---

[1] *Ubi supra*, page 6 de la brochure du curé de Saint-Salvadour.

[2] Page 7 de l'opuscule du P. Béril. Voici la traduction de cette notice :

« L'an mille trois cent quarante, en la cité et ville de Tulle, et dans tout le pays d'alentour, il y avait grande adversité, tant de guerre et de famine que de mortalité; et il fut conçu et ordonné par les prud'hommes et gens dévots de ladite cité, une solennité et confrérie en l'honneur de Dieu, de Notre-Dame et de Monseigneur saint Jean-Baptiste, chacun an, au monastère de Tulle, afin que Monseigneur saint Jean-Baptiste intercédât pour les préserver de ladite adversité; et aussitôt qu'ils eurent commencé ladite fête, ladite cité et le pays tournérent en grande prospérité par l'intercession de Monseigneur saint Jean. Et ainsi en sera fait à l'avenir, si Dieu plaît. De laquelle fête s'ensuivent les ordonnances, etc. (*sic*). »

La deuxième pièce, intitulée : « Attestation de M⁰ Jean Brossard, advocat », est ainsi conçue :

« Nous attestons comme quoy des personnes fort agées de tout sexe nous ont déclaré, à diverses fois, qu'un religieux du monastère de S. Benoit de la présent ville de Tulle, à présent sécularisé, qui passoit pour un saint religieux, célébrant la sainte Messe sur un autel qui est à côté des orgues de la dite église, à présent la cathédrale, contre la chapelle de l'Assomption N. Dame, il eut en révélation que, pour faire cesser la peste qui désoloit la présent ville et toute la province, il falloit porter l'image de S. Jean, dans un lieu que Dieu lui avoit inspiré, en procession, à laquelle les habitants assisteroient en chemise et nuds pieds, ce qui fut exécuté; et d'abord la peste cessa, et du depuis, la même procession fut instituée, dans la forme insérée dans le titre qui fut trouvé dans la chasse de S. Ulphard[1] : ce que nous attestons avoir appris par la tradition de notre père et autres anciens habitants de la present ville.

« Signé Brossard, attestant ce dessus[2]. »

Baluze, qui non seulement avait connaissance du livret du P. Béril, mais en tenait, comme nous l'avons dit, un exemplaire des mains de l'auteur[3], s'est borné, dans son Histoire de Tulle,

---

[1] Saint Ulphard ou Ulfard était un des patrons de l'église et de la ville de Tulle, dont la cathédrale possédait des reliques.

[2] Page 36 du livret du P. Béril.

[3] La lettre d'envoi, qui est à la suite du livret, dans les manuscrits de Baluze, volume 263, fol. 195, est ainsi conçue :

« Monsieur,

« De l'advis d'un de vos parents, j'ay la hardyesse de vous présenter mon livret de la Lunade de Tulle, que je vous prie d'accepter. J'ay fait une prose de la Sainte-Résurrection, que je vous fairay tenir si le désirés. Je vous auray obligation si, vous souvenant de l'amitié du temps passé, vous me tenez encore au nombre de ceux qui vous sont acquis comme restant,

« Monsieur,

« Votre très humble et très obéyssant serviteur,

« Béril, curé de Saint-Salvadour.

« Le 26 septembre 1680. »

publiée en 1717, à reproduire la tradition ci-dessus, en transportant toutefois à l'année 1348 l'événement que le P. Béril avait placé en 1340. Nous traduisons le passage qu'il y a consacré :

« L'année 1348, dit-il, est tristement célèbre, non seulement par les guerres qui troublaient notre contrée, mais surtout à cause de la famine et de la peste. Au milieu de la consternation générale, il est certain qu'il vint à l'esprit de nos concitoyens d'employer le secours de saint Jean-Baptiste. On est peu fixé (*parum compertum habetur*) sur la manière dont les choses se passèrent. Ceux qui disent tenir la tradition de plus anciens déclarent qu'un moine de Tulle, réputé pour sa sainteté... ». (Suit le récit de Brossard touchant la révélation annoncée par ledit religieux, la cérémonie accomplie et la cessation du fléau.)

« Ce qui est constant, ajoute Baluze, c'est qu'alors et dans cette pensée, les habitants de la ville établirent en l'honneur de Dieu, de la bienheureuse Vierge Marie et de saint Jean-Baptiste, une confrérie qui subsiste encore... Nous ne devons pas omettre de dire qu'il existe dans notre ville deux congrégations religieuses de pénitents : l'une de pénitents gris[1], l'autre de pénitents blancs. Les premiers font le tour de la Lunade la veille de la Nativité de saint Jean-Baptiste, avec le clergé et le peuple, les autres le jour même de cet anniversaire.

« Par la même cause fut instituée, dans l'église de Saint-Pierre[2], une confrérie [sous le vocable] de saint Léger, évêque

---

[1] Ces pénitents ont été remplacés par les pénitents bleus, dont la chapelle est au Puy-Saint-Clair, dans l'enclos du cimetière. Ils ont pour patron saint Jérôme. Saint Jean-Baptiste est le patron des pénitents blancs, dont l'ancienne chapelle, placée sous ce vocable, a été érigée récemment en paroisse.

[2] Cette église, qui était la plus ancienne des églises de Tulle, a été détruite pendant

d'Autun, qui faisait dans ce temps-là de fréquents miracles. Cette confrérie subsiste également de nos jours[1]. »

Ce dernier fait est attesté par une notice en langue romane, que Baluze a publiée à la fin de son ouvrage et dont voici le texte :

« En l'an de Nostre Seignor, mial e CCC. e XLVIII. era guerra en Francia e de Angleterra; e lo jorn de la festa de tots senhs, la vila fo presa pels Angles. E el qual an MCCC. e XLVIII[2], fo mortoudat universal per tot lo mon e grande fems e pestillesa. Per che li prodome de la ciptat de Tulla, regardan lo peril en que estavo, recoguerro a nostre Seignor, ordonero et establiro entre lor que, a la honor de Diou et de nostra Dama, et de touta la court celestial companya, fo facha una confreyria de Mosseignor saint Legier, loqual ovyo fach et fosia et fay tout journ grand cop de bels miracles[3]. »

Ce document se traduit ainsi : « En l'an de Notre-Seigneur mil trois cent quarante-huit, il y avait guerre en France avec l'Angleterre; et le jour de la fête de tous les saints, la ville fut prise par les Anglais. Et dans cette année mil trois cent quarante-huit, il y eut mortalité universelle par tout le monde, et grande famine et pestilence. C'est pourquoi les

la Révolution; elle était située dans l'ancien *castrum*, sur le plateau qui est au confluent de la Corrèze et d'une petite rivière appelée la Solane, et qui a gardé le nom de *quartier Saint-Pierre*.

[1] *Hist. Tutel.*, p. 199-200.

[2] Baluze a pensé qu'il fallait substituer à la date de 1348 celle de 1346, par le motif que, dans cette dernière année, la ville fut prise par les Anglais (*ibid.*, Appendice, col. 718, *in fine*). Nous croyons qu'il faut maintenir la date de 1348 : 1° parce qu'elle a été inscrite en deux endroits de la notice dont il s'agit, ce qui exclut la probabilité d'une inadvertance; 2° parce que rien ne s'oppose historiquement à ce que la ville ait été prise une première fois en 1346, abandonnée et puis reprise en 1348. De pareils faits étaient fréquents dans la longue et calamiteuse guerre contre les Anglais.

[3] *Hist. Tutel.*, col. 717-718.

prud'hommes de la cité de Tulle, considérant le péril où ils étaient, recoururent à Notre-Seigneur, ordonnèrent et établirent entre eux que, en l'honneur de Dieu et de Notre-Dame et de toute la cour de la céleste compagnie, il fût créé une confrérie de monseigneur saint Léger, lequel avait fait et faisait et fait toujours un grand nombre de beaux miracles. »

§ 2.

Examen critique de la légende et des opinions relatives à l'origine de la procession de la Lunade. — Elles n'ont pas de base sérieuse, et la question reste ouverte.

Les passages du récit de Baluze que nous avons mis sous les yeux du lecteur suggèrent des observations importantes.

Notre historien a reproduit, en modifiant seulement la date de l'événement, la tradition rapportée par le P. Béril, mais il s'est abstenu de publier à l'appui le vieux titre inséré dans la notice de cet écrivain, notice qu'il ne mentionne même pas, ce qui dénote, chez le savant et habile diplomatiste, de très grands doutes relativement à l'authenticité du titre.

Cette pièce a disparu depuis longtemps [1], et nous n'avons aucun moyen d'en vérifier le caractère. Mais, telle qu'elle est présentée par le P. Béril, qui était sans doute peu compétent pour l'apprécier, elle soulève les plus sérieuses objections.

Et d'abord la date de 1340 qui y est énoncée est injustifiable; elle ne s'accorde ni avec celle de 1348, que porte la notice concernant la confrérie de Saint-Léger, ni avec celle de 1346, que Baluze, à tort selon nous, a proposé d'y substituer.

---

[1] La châsse de saint Ulphard ou Ulfard, dans laquelle cet acte aurait été conservé, au dire de Mʳ Brossard, a dû être enlevée et probablement détruite, en 1793, comme les autres châsses qui ornaient l'église cathédrale de Tulle.

Quant à la langue romane limousine, dans laquelle la pièce dont il s'agit a été rédigée, elle diffère essentiellement de la notice précitée, qui est pourtant également écrite en langue limousine [1]. Or, une telle diversité entre deux documents qui auraient été rédigés *dans la même localité et presque au même moment* est absolument inadmissible, à ce point que l'un des deux documents doit être, suivant nous, nécessairement considéré comme faux. Ce ne peut être la notice de la confrérie de Saint-Léger, qui est écrite dans un idiome beaucoup plus ancien que l'autre, et que Baluze, qui l'a eue sous les yeux [2], n'a certainement éditée qu'à bon escient. Donc c'est l'autre notice qui est fausse.

Il me semble même que la pièce attestant la création d'une confrérie sous l'invocation de saint Léger, à l'époque et à l'occasion des malheurs que subissait la ville, rend invraisemblable la fondation, *au même instant et pour les mêmes causes,* d'une deuxième confrérie sous l'invocation de saint Jean-Baptiste, et surtout d'une cérémonie telle que la procession de la Lunade, dont l'importance et la solennité étaient autrement grandes et sur laquelle on ne comprendrait pas que le rédacteur de cette pièce eût gardé le silence. Cette notice doit être conséquemment écartée, et la tradition orale restant le seul appui du récit

---

[1] Ainsi, dans la notice de la confrérie de Saint-Léger, on lit *mial* (mille), *mortoudat* (mortalité), *prodome* (prud'hommes), *la honor* (l'honneur), *confreyria* (confrérie), *Mosseignor* (Monseigneur). Dans le manuscrit de la châsse de saint Ulphard, ces mêmes mots sont écrits : *millo, mortalitat, prud'hommes, l'honnour, confraria, Monseignour,* autant de formes d'un patois beaucoup plus moderne et ne remontant guère au delà du XVIe siècle. Cet acte a été pareillement apprécié par mon savant compatriote M. Clément Simon (*Album de la Corrèze,* n° du 1ᵉʳ juillet 1856), dans une intéressante notice, dont je n'ai eu connaissance qu'après l'envoi de mon mémoire à l'impression.

[2] Baluze annonce qu'il publie ce document *ex veteri codice Tutelensi ms.* (*Hist. Tutel.*, Append., col. 717).

du P. Béril, il nous paraît difficile de le regarder comme ayant une valeur historique.

Néanmoins, et pour des raisons qu'il nous a laissés ignorer, Baluze a accepté comme faits avérés l'appel des Tullistes à l'intercession de saint Jean et l'établissement d'une congrégation nouvelle sous son patronage.

Nous dirons plus loin comment ces deux faits pourraient, à la rigueur, se concilier avec une explication différente de celle que l'honorable ecclésiastique limousin a donnée des causes de la fondation de la procession de la Lunade.

Il nous suffit, pour le moment, d'avoir montré qu'en l'absence de preuve positive, cette question d'origine reste ouverte aux investigations de l'archéologue et de l'historien.

Dans l'étude à laquelle nous allons procéder, notre attention s'arrêtera particulièrement sur le jour de l'année où a lieu la procession de la Lunade, l'heure à laquelle elle commence, le cérémonial qu'on y observe, et sa relation avec certaines coutumes païennes des Gaulois.

§ 3.

PERSISTANCE DU CULTE DU SOLEIL AU MOYEN ÂGE. — FÊTE DU SOLSTICE D'ÉTÉ AU 24 JUIN. — FÊTE DE LA NATIVITÉ DE SAINT JEAN-BAPTISTE FIXÉE AU MÊME JOUR. — LES FEUX DE JOIE CONDAMNÉS, AU VIIIe SIÈCLE, SOUS LE NOM DE *NIED FIR*, APPELÉS DEPUIS *FEUX SOLSTICIAUX*, ET TOLÉRÉS PAR L'ÉGLISE SOUS LE NOM DE *FEUX DE LA SAINT-JEAN*.

Le soleil fut longtemps, on le sait, l'objet de l'adoration des hommes et en particulier des populations celtiques. Notre savant confrère, M. d'Arbois de Jubainville, nous fait connaître, dans son *Cours de littérature celtique*, que le roi suprême de l'Irlande, Loégairé, contemporain de saint Patrice (431-

464)[1], ayant été fait prisonnier par les habitants de Leinster révoltés, n'obtint sa liberté qu'en prêtant serment de ne plus exiger la redevance qui avait motivé la révolte : voici la formule de ce serment, qui nous a été conservée : « Il jura par *le soleil et la lune*, l'eau et l'air, le jour et la nuit, la mer et la terre[2]. »

Au VIIe siècle, le culte du soleil et de la lune était encore pratiqué en Gaule, puisque saint Éloi, dans une des homélies qui lui ont été attribuées par l'auteur de sa Vie, défend aux fidèles « d'appeler *seigneurs* (c'est-à-dire *dieux*), le soleil ou la lune, ou de jurer par eux, car, ajoute-t-il, ils sont des créatures de Dieu et, par l'ordre de Dieu, servent aux besoins des hommes », « Nullus *dominos* solem aut lunam vocet, neque per eos juret, quia creaturae Dei sunt, et necessitatibus hominum jussu Dei inserviunt[3]. »

La fête du soleil se célébrait au solstice d'été; le 24 juin est le jour où tombe ce solstice, où le soleil est au tropique du Cancer, arrivé à sa hauteur maxima, à son plus grand éloignement de l'équateur, et paraît pendant quelques jours y être stationnaire[4].

« Quel temps plus propice pour cette solennité, suivant une réflexion de Leber, que celui où le soleil paraît dans son plus grand éclat..., où la terre présente tant de richesses et tant

---

[1] Saint Patrice a commencé sa prédication vers 431, et est mort vers 464.

[2] *Introduction à l'étude de la littérature celtique*, Paris, 1883, p. 181; cf. *Le Cycle mythologique irlandais*, du même auteur, Paris, 1884, p. 251.

[3] *Vita S. Eligii, auctore Audoëno*; dans d'Achery, *Spicilegium*, édit. in-4°, t. V, p. 216. Voir, à l'Appendice du présent mémoire, n° II, une note sur les critiques élevées contre l'authenticité de certaines parties de la Vie de saint Éloi.

[4] Dans le vieil idiome germanique, cette époque solennelle est désignée par le mot *sunawende* (*sunnewende*), équivalent au français *solstice*, et employé ordinairement au pluriel (*sunnewenden*), parce que, durant plusieurs jours, l'astre conserve la même position. (J. Grimm, *Deutsche Mythologie*, 2° édit., p. 584.)

d'espérances, où, de plus, ce point de sa course est facile à saisir et ne demande pas d'observation délicate[1]! »

Aussi, comme l'ont dit J. Grimm[2] et après lui M. Gaidoz[3], « le solstice d'été fut-il généralement, chez les nations indo-européennes, l'époque de l'année où l'on rendait un culte particulier à l'astre-roi[4]. »

En Gaule notamment, ainsi que l'a remarqué l'abbé Lebeuf[5], on célébrait ce grand jour par des réjouissances qui coïncidaient avec les assemblées générales de la nation, fixées intentionnellement à la même date[6].

Longtemps après l'établissement du christianisme en Gaule,

---

[1] *Collection des meilleures dissertations relatives à l'histoire de France*, par Leber, Salguy et J. Cohen, t. VIII, p. 477-481.

[2] *Deutsche Mythologie*, 2ᵉ édition, p. 583.

[3] *Gargantua. Essai de mythologie celtique;* dans *Rev. archéol.*, 2ᵉ série, année 1868, t. I, p. 190. Cf. un autre mémoire du même auteur, intitulé *Le dieu gaulois Soleil et le symbolisme de la roue* (*Rev. archéol.*, 3ᵉ série, année 1884, t. II, p. 19 et suiv.). Toutefois, dans ce savant travail, M. Gaidoz a fait dériver la fête du Solstice d'été, chez les anciens peuples, d'une idée qui ne me paraît pas être la vraie. Voir, à l'Appendice du présent mémoire, nº I, une note sur ce sujet.

[4] Les Anglo-Saxons notamment adoraient encore, au xiᵉ siècle, le soleil, la lune et le feu, comme l'atteste une loi du roi Cnut ou Canut de l'an 1032, que nous reproduisons d'après le recueil de David Wilkins :

« *De Gentilium superstitionibus tollendis.*

« Prohibemus etiam serio omnem ethnicismum. Ethnicismus est, quod quis idola adoret, hoc est, quod quis adoret deos gentiles, et *solem vel lunam, ignem vel fluvium, torrens vel saxa, vel alicujus generis arborum ligna, vel veneficium amet, vel sicariatum committat ullo modo, vel sorte vel reda, vel aliquo phantasmate aliquid perficiat.* »

Voici une autre version de la même loi, d'après les *Acta concilior.* de Labbe et Cossart, Paris, 1771, t. IX, col. 921 :

« Adorationem barbaram planissime vetamus. Barbara est autem adoratio, sive quis idola, puta gentium *divos solem, lunam, ignem, profluentem, fontes, saxa, cujuscumque generis arbores lignave coluerit*... »

[5] Voir une dissertation du savant historien du diocèse de Paris dans le *Journal historique de Verdun*, t. LXX, p. 130-131. Cf. le tome LXV, p. 428 du même recueil, où se trouve une autre dissertation du même auteur sur ce sujet.

[6] Pendant les règnes de Charlemagne et de Louis le Pieux, il y eut aussi de grandes assemblées nationales tenues, à la même date, par le souverain : « *In die*

cette fête conservait encore un tel prestige et exerçait un tel empire sur l'esprit des foules, qu'au milieu du viie siècle, dans un des sermons déjà cités, saint Éloi en faisait l'objet d'une prohibition spéciale : « Que nul, s'écrie-t-il, à la fête de saint Jean ou dans des solennités quelconques, ne célèbre les *solstices* et ne se livre à des danses tournantes ou sautantes, ou à des *caraules*, ou à des chants diaboliques. » « Nullus in festivitate sancti Joannis, vel quibuslibet solennitatibus, *solstitia*, aut vallationes vel saltationes, aut caraulas, aut cantica diabolica exerceat[1]. »

Ces défenses impliquent évidemment que les pratiques condamnées par le prédicateur étaient fréquentes, sinon usuelles. Nous y trouvons donc la preuve de la persistance, parmi les populations, de l'adoration du soleil et de la célébration du solstice d'été.

Quant à la forme en laquelle elles avaient lieu, le saint évêque de Noyon n'a spécifié que les chants et les danses; il ne parle point des feux qu'on allumait, à cette époque de l'année, en l'honneur du dieu du jour; mais j'en trouve un témoignage dans un texte du viiie siècle.

Un capitulaire du 21 avril 742, délibéré *in plena synodo*, et édicté par Karloman, qui était alors maire du palais, contient des dispositions prohibitives relatives aux coutumes païennes; le titre V de ce capitulaire, que nous traduisons, y compris la rubrique, est ainsi conçu :

« *Que l'évêque, de concert avec le comte, pourvoie à ce que le peuple ne se livre pas aux pratiques païennes.*

Nativitatis S. Johannis Baptistae, in conventu populi maximo. » (Pertz, *Monum. German. histor.*, t. II, p. 386; cf. t. I, p. 190 et 223.)

[1] *Vita S. Eligii*, ubi supra. Le pluriel *solstitia* correspond au pluriel *sunnewenden*, usité en Allemagne, et que nous avons expliqué dans la note 4 de la page 15 ci-dessus.

« Nous ordonnons que, suivant les canons des conciles, chaque évêque, dans son diocèse, emploie ses soins, avec l'aide du comte (*gravione*), qui est le défenseur de l'Église, à ce que le peuple de Dieu ne se livre pas aux pratiques païennes, mais abandonne et répudie ces ignominies de la gentilité ; qu'ils empêchent soigneusement les sacrifices des morts, les sortilèges des sorciers, les consultations des devins, les amulettes et les augures ou incantations, ou immolations de victimes, que des hommes insensés font auprès des églises suivant le rit païen, sous le nom de saints martyrs ou confesseurs, provoquant ainsi la colère de Dieu ou de ses saints, *et ces feux sacrilèges qu'on appelle nied fyr*, et toutes les pratiques des païens, quelles qu'elles soient. » « Sive illos sacrilegos ignes, quod *nied fyr* vocant, sive omnes quaecumque sint, paganorum observationes diligenter prohibeant [1]. »

Nied fyr est un mot composé : 1° de *fyr*, qui, en gothique ou haut allemand, et en particulier dans le dialecte des Francs,

---

[1] Nous donnons ici le texte entier de cet important passage du capitulaire de Karloman, d'après les éditions de Boretius et de Pertz :

« *Ut episcopus cum comite provideat ne populus paganas observationes faciat.*

« Decrevimus ut, secundum canones unusquisque episcopus, in sua parochia, sollicitudinem adhibeat, adjuvante gravione, qui defensor Ecclesiae est, ut populus Dei paganias non faciat, sed ut omnes spurcitias Gentilitatis abiciat et respuat : sive sacrificia mortuorum, sive sortilegos, vel divinos, sive filacteria et auguria, sive incantationes sive hostias immolatitias, quas stulti homines juxta ecclesias ritu pagano faciunt sub nomine sanctorum martyrum vel confessorum, Deum et suos sanctos ad iracundiam provocantes, *sive illos sacrilegos ignes, quod nied fyr vocant, sive omnes, quaecumque sint, paganorum observationes diligenter prohibeant.* » (Boretius, *Capitul. reg. Fraicor.*, t. I, p. 25. Pertz, *Monum. Germ. histor.*, Leg., t. I, p. 17.) Il y a des variantes dans Baluze, *Capitul. reg. Fraicor.*, t. I, col. 147-148, et dans les *Acta concilior.* de Labbe et Cossart, Paris, 1714, t. III, col. 1920-1921. Les mots ou le mot composé *nied fyr* présentent, dans les mss., les variantes suivantes, relevées par Boretius : *neidfyr, nied feor, nied fri, metfratres.*

a le sens de *feur* ou *feuer*, feu[1]; 2° de *nied*, qui signifie joie, plaisir, divertissement[2]; d'où *nied fyr* veut dire *feu de joie;* et, venant, dans le capitulaire de Karloman, après les mots *sacrilegos ignes quod vocant*, qui en sont la définition, il se traduit exactement au pluriel par *feux de joie.*

Ce double qualificatif de *feux de joie* et de *feux sacrilèges* convenait d'ailleurs très bien aux feux du solstice, car, d'une part, ils étaient une des manifestations de l'allégresse populaire en ce jour solennel, et, d'autre part, ils étaient allumés, non pas avec du feu obtenu par le procédé alors usité du choc du fer contre la pierre[3], mais avec du feu produit par le seul frottement du bois[4], pratique païenne que le rédacteur anonyme de l'*Indiculus superstitionum et paganiarum* du VIII° siècle a

---

[1] Wachter, *Glossarium Germanicum*, col. 442.

[2] *Ibid.*, voc. *Nied* et *Nieden*, col. 1145.

[3] Voici un passage intéressant de la Vie de saint Severin († 482), écrite par Eugeppius, témoin oculaire, qui atteste l'usage courant de ce procédé au v° siècle, lorsqu'on n'avait pas de feu *entretenu* : « Item juxta oppidum, quod Juvao appellabatur, cum quadam die intrantes basilicam aestatis tempore, sollemnitatem vespere reddituri, ad accendenda luminaria ignem minime reperissent, *flammam concussis ex more lapidibus elicere nequiverunt, in tantum alterutra ferri ac petrae collisione tardantes*, ut tempus vespertinae sollemnitatis efflueret. » (Vita S. Severini, cap. XIII, § 1, dans *Monum. German. histor.*, édition in-4°, *Auctores antiquiss.*, t. I, 2° partie, p. 15.)

[4] Lindenbrog (*Codex leg. antiq. Barbaror.*, Francfort, 1613, p. 1445, col. 1) nous fait connaître qu'en beaucoup d'endroits de l'Allemagne, à la fête de saint Jean, les paysans observaient encore, de son temps, cette vieille coutume. Dans le passage suivant de son Glossaire, il la décrit d'une manière détaillée, à propos du *nodfyr* de l'*Indiculus* : « Rusticani homines in multis Germaniae locis, festo quidem S. Johannis Baptistae, palo ex sepe extracto, funem circumligant, hac illac ducunt, donec ignem concipiat : quem stipula lignisque aridioribus aggestis curate fovent, ac cineres collectos super olera spargunt; hoc medio erucas abigi posse inani superstitione credentes. Tum ergo ignem *nodfeur*, quasi *necessarium* ignem vocant. » Lindenbrog a vu dans le *nodfyr* et les *nied fyr* une seule et même pratique et le même vocable. Nous montrerons, dans une note consacrée à l'examen de cette intéressante question, que ce sont deux pratiques distinctes, exprimées par deux mots différents.

mentionnée dans ces termes : « De igne fricato de ligno, quod vocant *nodfyr*[1]. »

C'est principalement à cette circonstance qu'il faut attribuer le caractère sacrilège des feux de joie du solstice, qui, sans elle, auraient été probablement tolérés par l'Église beaucoup plus tôt qu'ils ne le furent.

Il y avait donc entre les *nied fyr* du capitulaire de 742 et le *nodfyr* de l'*Indiculus* une relation étroite, sans qu'il soit néanmoins permis de confondre, ainsi que l'ont fait la plupart des auteurs, deux pratiques superstitieuses entièrement distinctes[2].

On appela longtemps les feux de la Saint-Jean du nom de *feux solsticiaux*, qui trahissait une origine païenne dont les populations gardaient le souvenir[3].

On les qualifiait aussi vulgairement de *feux de joie* (ignes jucunditatis), ainsi que le prouvent de nombreux documents, parmi lesquels nous citerons le passage suivant, que nous tra-

---

[1] Pertz, *Monum. German. histor.*, I, 19. Boretius, *Capitular. reg. Francor.*, parmi les Additamenta ad Pippini et Karoli M. capitular., t. I, p. 223.

[2] Voir, à ce sujet, le n° III de l'Appendice du présent mémoire.

[3] Grimm rapporte (*Deutsche Mythologie*, p. 585) une ordonnance rendue, le 20 juin 1653, par le conseil de la ville de Nuremberg, et que nous traduisons de l'allemand :

« Considérant que, suivant une mauvaise habitude païenne, chaque année, à la Saint-Jean, dans les villes aussi bien que dans les villages, les jeunes gens vont quêter pour recueillir de l'argent et du bois, dans le but de faire ce qu'on appelle le *feu solsticial* (sonnenwendt); qu'à cette occasion, l'on boit et l'on ripaille, on danse autour de ce feu, on saute par-dessus en y brûlant certaines herbes et fleurs, et qu'on répand ainsi l'incendie dans les champs :

« Interdit, pour ledit jour de la Saint-Jean, tous ces agissements et autres, ineptes, *superstitieux, païens* et dangereux. »

Déjà, d'après une pièce de 1401, également citée par Grimm (p. 586), le duc Étienne et la duchesse de Bavière dansèrent sur la place du marché de Munich, autour du *feu solsticial* (bei dem Sunbentfewr), accompagnés des bourgeoises de la ville.

duisons du livre *De superstitionibus*, écrit, en 1510, par Martin d'Arles, chanoine de Barcelone :

« Comme au jour de la Saint-Jean, en raison de l'allégresse générale, de nombreux actes de piété sont accomplis par les fidèles, notamment la sonnerie des cloches et les *feux de joie* (ignes jucunditatis); de même, ils sortent de grand matin pour cueillir des herbes odoriférantes et excellentes et salutaires par leur nature et la plénitude de leurs vertus suivant la saison... Les uns allument des feux aux points de croisement des chemins, dans les champs, pour empêcher que les sorcières et magiciennes n'y passent pendant cette nuit; d'autres, comme je l'ai vu de mes propres yeux, brûlent les herbes cueillies le jour de la Saint-Jean, contre la foudre, le tonnerre, les orages, et croient écarter par leurs fumigations les démons et les tempêtes [1]. »

D'après ce qui précède, il nous paraît établi que les *nied fyr* ou *feux de joie*, condamnés par le capitulaire de 742, n'étaient autres que les *feux solsticiaux*, allumés avec du feu produit par le frottement du bois, et qu'on appela aussi *feux de la Saint-Jean*, parce que la fête chrétienne du Précurseur s'était confondue avec la fête païenne du solstice d'été ou du dieu Soleil.

L'Église, nous l'avons vu plus haut, s'appliqua fort activement, avec l'assistance de l'autorité royale, à déraciner ces restes du culte païen. Mais, quand elle eut reconnu l'inanité

---

[1] « Cum in die S. Joannis, propter jucunditatem, multa pie aguntur a fidelibus, puta pulsatio campanarum et *ignes jucunditatis*, similiter summo mane exeunt ad colligendas *herbas odoriferas* et optimas et medicinales ex sua natura et plenitudine virtutum propter tempus... Quidam *ignes accendunt* in compitis viarum, in agris, ne inde sortilegae et maleficiae illa nocte transitum faciant, et, ut ego propriis oculis vidi, alii *herbas* collectas in die S. Joannis *incendentes* contra fulgura, tonitrua et tempestates, credunt suis fumigationibus arcere daemones et tempestates. » (*Tractatus tractatuum*, éd. de Lyon, 1544, IX, 133.)

des rigueurs légales aussi bien que des adjurations sacerdotales et des menaces de peines canoniques, elle prit le parti de tolérer les pratiques populaires, et même de leur donner parfois un sens chrétien.

Le premier exemple que nous ayons de cette attitude nouvelle est consigné dans la *Summa de divinis officiis*, écrite, vers 1162, par le docteur Jean Beleth, théologien de l'Université de Paris : « A la fête de saint Jean-Baptiste, on porte, dit-il, des brandons ou des torches en feu, et *l'on fait des feux*, qui sont le symbole de saint Jean, lequel fut la lumière et le flambeau ardent, précurseur de la vraie lumière[1]. »

Ce passage est reproduit, au siècle suivant, par Guillaume Durand, évêque de Mende en 1290, dans son *Rationale divinorum officiorum*[2].

Malgré cette tolérance de l'Église, qui ne se démentit pas et qui est la même de nos jours, la coutume des feux *solsticiaux* ou de la Saint-Jean conserva son caractère primitif, son caractère profane, ainsi que cela résulte des témoignages rapportés plus haut.

Mais nous avons à faire, à ce propos, une remarque importante.

Si le clergé chrétien usa de tolérance, et même de bienveillance à l'égard de cette pratique, il n'y a point généralement pris part. Il n'existe pas, à ma connaissance, de rituel où les feux de la Saint-Jean soient prescrits et réglés. Dans presque toutes les descriptions que nous avons de cet usage populaire, on ne voit pas intervenir le représentant de l'Église[3]; et dans

---

[1] « Feruntur quoque (in festo Johannis Baptistae) brandae seu faces ardentes, *et fiunt ignes*, qui significant sanctum Johannem, qui fuit lumen et lucerna ardens, praecedens et praecursor verae lucis. » (*Summa de divinis officiis*, édit. de Dillingen, 1572, cap. cxxxvii, fol. 256.)

[2] Lib. VII, cap. xiv. G. Durand, né à Béziers en 1237, est mort en 1296.

[3] Un exemple de la présence d'un

les cas très rares, très exceptionnels, où le prêtre figure, il est permis de supposer que la bénédiction de l'arbre de la Saint-Jean a eu lieu à la prière des habitants de la paroisse, comme s'est faite si souvent, à des époques récentes, la bénédiction des *arbres de la Liberté*, et qu'elle n'en est pas moins restée en dehors des cérémonies du culte; et si un ou plusieurs membres du clergé y paraissent spontanément ou pour satisfaire à des sollicitations, leur présence n'a aucun caractère officiel.

Les feux de la Saint-Jean, qu'on allume le 23 juin au soir, en certaines provinces, sur les places, dans les carrefours et les rues des petites villes, des bourgades, ou même dans les champs, ont donc été de tout temps, comme ils sont de nos jours, une pratique purement laïque, éminemment, exclusivement populaire. Et cela nous montre bien qu'elle procède d'une antique coutume, indépendante du culte chrétien et antérieure à l'établissement du christianisme en Gaule.

A Tulle et sur le parcours de la procession champêtre de la *Lunade*, où de nombreux et vastes bûchers sont élevés et mis en flammes la veille de la Nativité de saint Jean-Baptiste, il se produit, ou en tout cas il se produisait, il y a un demi-siècle, un fait dont j'ai été souvent témoin dans mon enfance et qu'il convient de noter ici. Les fidèles qui faisaient partie

---

membre du clergé à la mise en feu d'un bûcher de la Saint-Jean nous est fourni par la description de la fête de la Nativité du Précurseur dans le département des Hautes-Pyrénées. On va, le 1ᵉʳ mai, chercher l'arbre le plus haut, dont le tronc est le plus droit : dans la montagne, un pin ou un sapin; dans la plaine, un peuplier. Après que le tronc a été ébranlé, on y enfonce un certain nombre de clous et on le laisse ainsi jusqu'au 23 juin (c'est-à-dire à la veille du solstice et de la Nativité de saint Jean). Dans l'intervalle, le tronc se fend aux endroits où les clous ont été fichés. L'arbre est alors roulé ou porté au haut d'une montagne ou d'une colline; *le prêtre de la paroisse le bénit;* après quoi on le plante en terre et on y met le feu. (*Mém. de la Soc. des antiquaires de France*, 1ʳᵉ série, t. V, p. 387.)

La Lunade.

du cortège, et principalement les gens de la campagne, ne manquaient pas, en passant auprès des bûchers, d'étendre et de tenir un instant sur l'ardent brasier des branches de châtaignier ou de noyer, qui étaient dès lors, à leurs yeux, des rameaux bénits, et qu'ils conservaient pieusement dans leurs demeures comme une sauvegarde contre les dangers d'épidémie ou de maladie pour eux, pour leur famille et leurs troupeaux.

Un usage analogue subsiste en Poitou. On danse deux ou trois fois autour du feu, avec une branche de noyer à la main. Les chefs de famille passent à travers la flamme, en tenant une touffe de bouillon-blanc et une branche de noyer, qu'ils fixent ensuite au-dessus de la porte de l'étable. Pendant que les jeunes garçons et les jeunes filles se livrent à la danse et aux chants, les hommes âgés ramassent des charbons du bûcher, qu'ils mettent dans leurs sabots, et qu'ils regardent comme devant les préserver de quantité de maux [1].

Sauval a publié un curieux état des frais du *Feu de la Grève* et de ses accessoires, dressé d'après un rôle de 1573, et comprenant, entre autres détails, « la symphonie » qu'on y jouait, « les bouquets et les chapels de roses » qu'on y portait, « les torches de cire jaune et de cire blanche » qu'on y brûlait, « le baril d'artifice » qu'on y faisait éclater, « les dragées » qu'on y distribuait, etc. [2].

Il est intéressant de rapprocher ces détails de la notice où le P. Béril fait connaître les formes suivant lesquelles s'accomplis-

---

[1] *Mém. de la Soc. des antiquaires de France*, 1re série, t. IV, p. 110, et t. VIII, p. 451. Dans le bas Limousin, on marque, avec ces charbons, les portes des étables pour préserver les animaux contre les épidémies. (Clément Simon, dans l'*Album de la Corrèze*, n° du 1er juillet 1856.) Notre savant compatriote a signalé aussi judicieusement le caractère païen de la Lunade, que nous avions nous-même indiqué sommairement, en 1855, dans le journal *L'Union Corrézienne*.

[2] Sauval, *Antiquités de Paris*, t. III, p. 632-633.

sait le *tour de la Lunade,* au xvii° siècle. Il y signale « la grande quantité de feux de joye, dont les rues sont toutes parées; » les représentants des confréries de la ville, « portant des cierges de cire allumés à quatre mèches et garnis de verdure et de fleurs; les porteurs de la statue du saint, couronnés de guirlandes de cire ou de fleurs; » de jeunes garçons ayant, outre ces couronnes, « des guirlandes de fleurs de camomille en forme d'écharpes; les femmes marchant pieds nus, le front ceint de guirlandes de cire, et la taille entourée de ceintures d'herbes entremêlées de fleurs[1]; le *Roy de la fête,* ayant au bras gauche un chaperon de fleurs, tenant de la main droite une chandelle allumée, et suivi d'une bande de violons; le jeu des pièces d'artillerie et des fusées, volant en l'air comme des serpents de feu, et les feux d'artifice; enfin (ce qui rappelle la symphonie du Feu de la Grève), les flûtes, phiphres, tambourins, hautbois, trompettes et clairons, qui sont aux tourelles du grand clocher (lequel, à raison de sa hauteur, domine sur toute la ville), et font unanimement une armonie si douce à l'ouye, que vous diriez que c'est un chœur d'anges suspendu dans l'air[2]. »

Si les fêtes et réjouissances et les feux de la veille de la Nativité de saint Jean sont la reproduction des cérémonies païennes de la veille du solstice d'été chez les Gaulois, il est, ce semble, tout naturel de penser que la procession de la Lunade, qui se célébrait *le même jour,* au *même moment,* et *suivant un rite semblable,* avait le même caractère et la même origine.

Nous allons voir qu'il y en a d'autres indices.

---

[1] Dans toutes les descriptions des fêtes de la Saint-Jean en diverses contrées, on voit figurer les couronnes, chapeaux, écharpes et ceintures formés de fleurs et d'herbes, particulièrement de plantes médicinales, que l'on portait aux cérémonies ou aux feux de la Saint-Jean et que l'on conservait ensuite précieusement. Voir des détails sur ce sujet au n° IV de l'Appendice du présent mémoire.

[2] Mss. de la Biblioth. nat., Arm. de Baluze, vol. 263, fol. 195.

§ 4.

Le port des idoles des faux dieux dans la campagne, condamné au viiie siècle, remplacé, depuis, par le transport des statues de saints. — La statue de saint Jean solennellement portée à la procession de la *Lunade*.

Nous rappellerons, en premier lieu, que les processions à travers les bourgades et dans les champs, avec port de *simulacra*, c'est-à-dire de représentations matérielles de divinités païennes, d'animaux ou d'objets divinisés, étaient une des pratiques superstitieuses encore usitées dans le haut moyen âge.

Nous en avons un témoignage dans un passage de la Vie de saint Martin, où Sulpice Sévère (commencement du ve siècle) raconte le miracle suivant : « Un jour, saint Martin rencontra, sur son chemin, le cortège funèbre d'un Gentil : il s'arrêta à la distance d'environ cinq cents pas, et, comme il voyait s'avancer une troupe de gens de la campagne, et que le linceul jeté sur le corps du défunt était agité par le vent, *il crut que ces gens se livraient aux pratiques profanes des sacrifices, parce que c'était la coutume des paysans gaulois de porter, dans leur misérable démence, à travers leurs champs les simulacres des faux dieux, couverts d'un voile blanc*. Martin ayant, de la main, marqué au-devant d'eux le signe de la croix, ils furent arrêtés subitement comme changés en pierres, et, s'efforçant de marcher, ils tournaient ridiculement sur eux-mêmes, jusqu'à ce que, vaincus, ils eurent déposé à terre le cadavre qu'ils portaient. Mais, lorsque le saint homme eut reconnu son erreur, il éleva de nouveau la main et donna au cortège le pouvoir de continuer sa marche et d'enlever le corps. »

Voici le texte du passage que nous avons souligné comme se

rapportant directement à notre sujet : « Profanos sacrificiorum ritus[1] agi credidit : quia esset haec Gallorum rusticis consuetudo, *simulacra daemonum* candido tecta velamine, misera *per agros suos circumferre* dementia[2]. »

Cette même pratique est mentionnée dans l'*Indiculus superstitionum et paganiarum,* qui paraît avoir été rédigé par un personnage inconnu, dans le cours du VIIIe siècle, et qui porte en son paragraphe 28 : « De *simulacro* quod per campos portant[3]. »

Ces actes, que l'Église réprouvait, l'autorité séculière les punissait d'une amende, ainsi que l'atteste le titre IV du capitulaire édicté à Lestines, par Karloman, en 743[4], et qu'avaient d'ailleurs précédé des dispositions analogues.

Un peu plus tard, lorsque l'Église vit ses menaces et les rigueurs du pouvoir séculier impuissantes à vaincre l'obstination populaire, « elle consacra l'usage de ces solennités, en substituant seulement aux vieilles idoles des représentations de la Vierge et des saints; et ces processions avaient lieu notamment en cas de sécheresse, de mauvaise récolte, d'épidémie

---

[1] Voir ci-dessous, dans l'Appendice du présent mémoire, n° V, une note sur des coutumes païennes pratiquées dans les funérailles, au moyen âge, et condamnées par l'Église et l'autorité séculière. Certaines de ces coutumes subsistent encore en Limousin.

[2] Œuvres de Sulpice Sévère, éditées par C. Halm, dans le *Corpus scriptor. ecclesiasticor. latinor.,* t. I, Vienne (Autriche), 1866, p. 122. Fortunat (fin du VIe siècle), qui, dans sa *Vie de saint Martin,* a mis en vers celle de Sulpice Sévère, reproduit ainsi qu'il suit une partie de la légende précitée :

Dum putat inde vehi cultu simulacra profano,
....

(*Monum. German. histor.,* édit. in-4°, *Auctores antiquissimi,* t. IV, 1" partie, p. 303-304.)

[3] Boretius, *Capitul. reg. Francor.,* t. I, p. 223.

[4] « Decrevimus quoque, quod et pater meus ante præcipiebat, ut qui *paganas observationes* in aliqua re fecerit, multetur et damnetur quindecim solidis. » (Capitular. Liptinense, dans Boretius, *ubi supra,* p. 28; dans Pertz, *Monum. German. historic.,* Leg., t. I, p. 20. Baluze, *Capitul. reg. Francor.,* t. I, col. 150.)

ou de guerre, pour appeler la pluie, la fécondité, la guérison ou la victoire[1]. »

Nous trouvons un exemple curieux de ce procédé d'adaptation dans le passage suivant d'une vie manuscrite de saint Maresvidis ou Marcsvidis, rapporté par Eckhard dans son ouvrage historique sur la France orientale, sous la rubrique du gouvernement de saint Burchard, le célèbre évêque de Wurzbourg, qui siégea de 741 à 753[2]. Saint Marcsvidis, qui avait fondé près de Bielfeld, dans l'ancien comté de Ravensberg[3], un couvent de religieuses, leur imposa, entre autres règles, la suivante, que nous traduisons :

« Nous ordonnons que, chaque année, à la deuxième férie de Pentecôte, par la grâce du Saint-Esprit, *vous portiez le patron de votre église* (c'est-à-dire la statue de ce saint patron), dans l'étendue de vos paroisses, en faisant un long circuit (*longo ambitu*); que vous purifiiez vos demeures, et qu'au lieu de l'*ambarvalis* des païens (*pro gentilitio ambarvali*)[4], vous vous mortifiiez vous-mêmes dans les larmes, et qu'avec toutes sortes de dévotions, vous fassiez publiquement l'aumône pour le soulagement des pauvres, et que, durant toute la nuit, dans cette demeure (c'est-à-dire à l'intérieur du monastère), vous célébriez la solennité sur les reliques, par des veilles et des chants; qu'enfin, dans ladite matinée, après avoir pieusement accompli la procession expiatoire suivant l'itinéraire par vous

---

[1] Traduction d'un passage de J. Grimm, *Deutsche Mythologie*, 2ᵉ édition, p. 1202.

[2] *Commentarii de rebus Franciae orientalis*, t. I, p. 437.

[3] Bielfeld ou Bilefeld sur la Lierbach (*Bifeldia*) et Ravensberg sont des villes de la région de Minden, dans le royaume de Prusse. Il ne faut pas confondre Ravensberg avec Ravensbourg, petite ville du royaume de Wurtemberg, sur la Schuffen (cercle du Danube).

[4] Les *ambarvalia* étaient, chez les Romains, des cérémonies consistant à promener dans la campagne, suivant un itinéraire déterminé, les victimes destinées à être immolées aux faux dieux.

réglé à l'avance, *vous reportiez au monastère l'image de son patron*, avec l'honneur qui lui est dû. J'espère fermement de sa miséricorde qu'ainsi et par l'effet de cette procession circulaire, les productions de la terre seront plus abondantes, et que les diverses intempéries de l'air prendront fin [1]. »

Cet important document fait bien voir le lien historique qui rattache à la solennité païenne du port du *simulacrum* d'une des divinités de l'olympe gaulois la cérémonie chrétienne du port du *simulacrum* du saint patron de l'église, dans une procession à travers les champs.

Il nous est, en même temps, permis d'en induire, relativement à la procession limousine de la *Lunade :* 1° que le port de la statue de saint Jean autour de la ville, suivant un rite et un itinéraire fixés à l'avance, est une simple transformation de l'antique solennité du solstice d'été, où l'on portait en grande pompe la statue du dieu soleil Bélénus; 2° que cette transformation par l'Église de la coutume idolâtre fut assurément postérieure à la date de l'*Indiculus superstitionum* cité plus haut, qui montre que le port des *simulacra* était alors condamné. Nous reviendrons d'ailleurs sur cette question de date dans le dernier paragraphe du présent mémoire.

---

[1] «Statuimus ut annuatim secunda feria Pentecostes, Spiritu Sancto cooperante, eundem patronum (monasterii) in parochiis vestris *longo ambitu* circumferentes, et domos vestras lustrantes, et, pro *gentilitio ambarvali*, in lacrymis et varia devotione vos ipsos mactetis, et ad refectionem pauperum eleemosynam comportetis, et in hac curte pernoctantes, super reliquias vigiliis et cantibus solennizetis: ut praedicto mane determinatum a vobis *ambitum* pia lustratione complentes, *ad monasterium cum honore debito reportetis.* Confido autem de patroni hujus misericordia, quod sic, ab eo gyrade, terrae semina uberius proveniant, et variae aëris inclementiae cessent.» (Dans Eckhard, *ubi supra.*)

§ 5.

ADORATION PERSISTANTE DE LA LUNE. — LA PRATIQUE SUPERSTITIEUSE APPELÉE *VINCE, LUNA*. — LA PROCESSION DE LA *LUNADE* COMMENÇAIT AU LEVER DE LA LUNE, D'OÙ EST VENU SON NOM.

Un trait encore plus caractéristique peut-être de l'origine première de la procession de la *Lunade*, c'est l'heure à laquelle elle devait commencer.

Baluze nous dit qu'elle « avait tiré son nom de ce qu'elle s'accomplissait après que le soleil avait disparu et fait place à la lune », « quia fit postquam sol recessit et lunae locum fecit[1] ».

Le P. Béril a déterminé avec plus de précision cette partie du cérémonial. « Ce doit être, dit-il, à *sept heures du soir précisément* que le clergé se rend à la chapelle Saint-Jean, baise l'autel et sort par ordre[2]. »

Cette particularité de l'ouverture de la procession, fixée

---

[1] *Hist. Tutel.*, p. 200. Le P. Béril a donné des explications de ce nom plus bizarres et plus inadmissibles les unes que les autres : 1° la procession passe dans les bois et le tour qu'on y fait « ressemble à un croissant de lune »; 2° en faisant le vœu, on a invoqué conjointement avec saint Jean la Vierge Marie, « qui est cette mystique et belle Lune, *pulchra ut Luna*, qui, dans nos adversitez, nous a communiqué les influences de la miséricorde de Dieu »; 3° « les habitants allumaient anciennement et quelques-uns allument encore aux fenêtres, lorsque la vénérable image de saint Jean est reportée de la procession, des luminaires *sive Luns* en Limosin. » (Dans l'opuscule cité, *La sainte Lunade*, etc., p. 9 et 10.)

[2] *Ubi supra*. M. René Fage, dans une intéressante brochure publiée en 1885 et intitulée *Les Anglais à Tulle et la Lunade*, p. 11, dit que le cortège sort de la cathédrale *à six heures trente du soir*. Peut-être le cérémonial a-t-il été, depuis le XVII° siècle, modifié en ce point. On pourrait concilier l'énonciation de M. Fage avec celle du P. Béril, en faisant observer que, d'après le livret de ce dernier, le défilé paraît avoir commencé avant que le clergé ne se rende à la chapelle de Saint-Jean, ce qui devait avoir lieu *à sept heures du soir précisément*.

la veille de la Nativité de saint Jean, c'est-à-dire du solstice d'été, au moment du lever de la lune, c'est-à-dire au commencement de la nuit, n'a fait, que je sache, l'objet d'aucune réflexion de la part des historiens. Ils n'ont pas recherché la raison pour laquelle cette solennité, à la différence des autres cérémonies du culte chrétien, avait lieu la veille au soir, et non le jour de l'anniversaire. C'était là pourtant un fait digne de remarque et qui appelait une explication. Cette explication, nous croyons pouvoir la donner.

C'est d'abord, parce que, chez les Gaulois, la lune était l'objet d'un culte fervent[1], et qu'elle était même par eux adorée à l'égal du soleil[2]. Saint Éloi les réunit dans une même prohibition, qui nous fait voir qu'ils étaient réunis dans un culte commun : « Que nul, dit-il dans un passage déjà cité de ses homélies, n'appelle *seigneurs* (c'est-à-dire *dieux*) le soleil ou la lune, et ne jure par eux. » « Nullus dominos solem aut lunam vocet, neque per eos juret[3]. » En commençant la procession au lever de la lune, on préludait, par l'adoration de la déesse, à l'adoration du dieu Soleil.

Saint Éloi insiste d'ailleurs beaucoup sur d'autres superstitions, qui se rattachaient aux influences de la lune, à ses diverses phases et à ses éclipses, de manière à nous faire comprendre

---

[1] On ne devait faire l'importante cérémonie de la cueillette du gui de chêne qu'au sixième jour de la lune; c'était également à ce jour que commençaient, en Gaule, les mois, les années et les siècles. (Pline, *Hist. natur.*, lib. XVI, § 250, éd. Ianus, collection Teubner, t. III, p. 45.) Au reste les anciens attribuaient à la lune le pouvoir de communiquer la fertilité à la terre, d'influer sur toutes ses productions et de procurer l'accroissement de la végétation. Dom J. Martin (*La religion des Gaulois*, t. I, p. 367) cite, à ce sujet, Porphyre, *De abstinentia*, et Macrobe, *Commentarii in somnium Scipionis*, lib. I. cap. 19.

[2] « Les anciens monuments alliaient ordinairement ces deux astres. » (D. J. Martin, *op. cit.*, t. I, p. 369.)

[3] *Vita S. Eligii*, dans d'Achery, *Spicileg.*, édit. in-4°, t. V, p. 216.

la grande place qu'elle occupait dans l'imagination et les croyances populaires.

« Que l'on ne soit, s'écrie-t-il, si superstitieux que de pousser des cris quand la lune s'obscurcit et perd sa lumière, d'autant qu'à certaines époques de l'année, suivant les dispositions divines, elle s'éclipse. Et que personne ne fasse difficulté d'entreprendre un ouvrage quelconque à la nouvelle lune[1], Dieu ayant créé la lune pour désigner et marquer les temps, et pour diminuer l'obscurité des nuits, et non pour empêcher aucun travail de l'homme ou mettre son esprit en démence, comme le pensent les gens ignorants, qui estiment que les personnes possédées des démons souffrent par l'influence de la lune[2]. »

Si l'on objectait que saint Éloi, évêque de Noyon, s'adressait à des populations du nord de la Gaule, adonnées à des pratiques qu'ignoraient peut-être les populations du centre, je répondrais :

En premier lieu, d'après ce qui nous est connu des croyances et des usages comme des institutions et du langage des habitants de cette contrée, les tribus de la confédération autonome ne différaient que peu ou point les unes des autres. Quand César, Tite-Live, Pline, Diodore de Sicile, Ammien Marcellin ou

---

[1] Les Germains avaient, au contraire, la coutume de se réunir, à moins d'empêchement fortuit et subit, les jours de nouvelle et de pleine lune : « Coeunt, nisi quid fortuitum et subitum incidit, certis diebus, cum aut inchoatur luna aut impletur; nam agendis rebus hoc auspicatissimum initium credunt. » (Tacite, De moribus Germaniæ, xi; OEuvres de Tacite, édit. Halm; collection Teubner, t. II, p. 197.)

[2] « Nullus, si quando luna obscuratur, vociferare praesumat, quia Deo jubente certis temporibus obscuratur, nec luna nova quisquam timeat aliquid operi arripere, quia Deus ad hoc lunam fecit, ut tempora designet et noctium tenebras temperet, non ut alicujus opus impediat, aut dementem faciat hominem sicuti stulti putant, qui a daemonibus invasos a luna pati arbitrantur. » (D'Achery, loc. cit., p. 216.)

d'autres écrivains nous apprennent un trait des mœurs gauloises, ils ne distinguent point entre les diverses parties du domaine de nos ancêtres.

En second lieu, l'on ne doit pas perdre de vue que saint Éloi était né en Limousin, dans le village de Chatelat, « villa Catalacensis », situé à peu de distance de Limoges; que son enfance et sa jeunesse s'écoulèrent dans ce village et à Limoges, où il travailla, comme on sait, sous la direction d'Abbon, alors chef de l'atelier public des monnaies de cette cité.

Il avait donc assisté, durant bien des années, aux pratiques superstitieuses qui abondent dans les régions montagneuses du massif central. Il avait dû même, sans doute, y prendre part, et il est tout naturel de penser qu'en décrivant les coutumes païennes qu'il interdisait à son troupeau, il s'inspirait beaucoup des souvenirs des premières périodes de sa propre existence.

Il est même à remarquer que, parmi les prélats du haut moyen âge dont les discours nous ont été conservés, il est un de ceux qui se sont le plus étendus sur ce sujet.

Nous sommes conséquemment autorisé à croire que, lorsqu'il condamnait avec tant de véhémence des superstitions invétérées, saint Éloi avait particulièrement présentes à la mémoire celles de son pays natal.

Et d'ailleurs, ces cris, poussés au moment des éclipses de la lune, sont constatés et condamnés, en même temps que d'autres pratiques superstitieuses, dans des actes rédigés incontestablement pour la Gaule entière, pour le midi et le centre comme pour le nord.

Ainsi, le chapitre v des canons du quatrième concile d'Arles, tenu en 524, inflige une longue pénitence à tous ceux qui se livrent à des actes de cette sorte. Voici la traduction littérale de ce chapitre important :

« Quiconque, lorsque la lune s'éclipse, croit pouvoir se défendre par des clameurs, par des maléfices et des pratiques sacrilèges; quiconque tentera d'employer, pour les siens ou pour lui-même, des devins, des enchanteurs, des amulettes ou des caractères (des formules?) diaboliques, des herbes ou des sucs, ou aura osé célébrer la cinquième férie en l'honneur de Jupiter, ou les calendes de janvier, suivant la coutume des païens, sera soumis à une pénitence de cinq années s'il est moine, de quatre s'il est simple clerc, de trois si c'est un laïque[1]. »

Cette disposition a été textuellement reproduite, au XIe siècle, par l'évêque Burchard, dans le livre X, chapitre XXXIII, de son célèbre recueil de canons, connu sous le titre de *Magnum volumen canonum*, ou de *Decretorum libri XX*[2], d'où la preuve qu'à cette époque les superstitions et les coutumes païennes, condamnées, au VIe siècle, par le concile d'Arles et, au VIIe, par saint Éloi, subsistaient encore.

Qu'était-ce donc que ces clameurs dont il est parlé dans les

---

[1] « *De illis qui, quando luna obscuratur, clamores suos et maleficia sua exercuerint.*

« Quicunque exercuerint hoc, quando luna obscuratur, ut cum clamoribus suis ac maleficiis et sacrilego usu se posse defendere credant, et quicunque divinos praecantatores, phylacteria etiam diabolica, vel characteres diabolicos, vel herbas vel sucos, suis vel sibi impendere tentaverint, vel quintam feriam in honorem Jovis vel kalendas januarii, secundum paganam consuetudinem, honorare praesumpserit, monachus V, clericus IV, laicus III annos poeniteat. »

Ce chapitre est ici reproduit d'après le texte qu'en a donné Burchard (voir la note ci-dessous).

[2] Burchardi, Wormaciensis ecclesiæ episcopi, *Decretorum libri XX*, lib. X, cap. 33, dans Migne, *Patrolog. latin.*, t. CXL, col. 837; les autres éditions remontent aux années 1543, 1549 et 1560. Burchard fut nommé évêque par l'empereur Othon III, en 1006 ou 1008, et mourut en 1026. La compilation que nous venons de citer a été composée entre les années 1012 et 1022.

lois ecclésiastiques et dans les homélies de l'évêque de Noyon? Quels en étaient le caractère et la signification?

C'est ce que nous apprend l'*Indiculus superstitionum et paganiarum* du vIII° siècle.

Le paragraphe 30 de ce document est ainsi conçu : « De lunae defectione, quod dicunt *Vince, Luna*[1]. » Traduction : « De l'éclipse de la lune, ce qu'on appelle *Vince, Luna* », c'est-à-dire : « Sois victorieuse, ô Lune! », cri d'angoisse, appel naïvement adressé à la déesse par les humains épouvantés, qui l'encourageaient dans sa lutte contre l'élément ou les éléments ennemis qu'ils supposaient arrêter son rayonnement bienfaisant. C'est par ces clameurs[2] qu'ils pensaient « se défendre », — « se posse defendere credant », suivant l'expression du concile d'Arles précité, — contre les périls dont ils se jugeaient menacés[3].

Enfin, l'*Indiculus* fait mention d'une autre coutume païenne du vIII° siècle, qui consistait, de la part des femmes, à se recommander à la lune, parce qu'elles croyaient pouvoir, grâce à son influence, s'emparer du cœur des hommes[4].

---

[1] Boretius, *Capitular. reg. Francor.*, t. I, p. 223; Pertz, *Monum. German. histor.*, Leg., t. I, p. 20; Baluze, *Capitular. reg. Francor.*, t. I, col. 152.

[2] « Uti *luna nova* cum gaudio et tripudio excipiebatur, ita deficiens non sine tristitia aspiciebatur, eique acclamabatur : *Vince, Luna*, tamquam si a Sole impugnaretur. Delrio, in notis ad Senecae Hippolytum, tradit Indos etiamnum existimare Lunam, quando obscuratur, usque ad sanguinis effusionem flagellari. » (Eckhard, *Commentarii de rebus Franciae orientalis*, t. I, p. 427.)

[3] Voir ci-dessus, p. 34, note 1.

[4] *Indiculus superstitionum et paganiarum*, § 30. Voici le texte de ce paragraphe dans les éditions de Pertz et de Boretius, *ubi supra* : « De eo quod credunt qui femine lunam comendet, quod possint corda hominum tollere juxta paganos. » Ce texte est ainsi bien obscur, et il faut sans doute lire « quia feminae lunam commendent », comme l'a fait Baluze, *loc. cit.* Dans les *Acta concilior.* de Labbe et Cossart, t. III, col. 1923, ce passage est reproduit comme il suit : « quia feminae lunam comedant », ce qui est assurément une mauvaise leçon.

Ainsi, durant le haut moyen âge et jusque dans le xɪᵉ siècle, nous voyons se perpétuer les croyances superstitieuses et les actes d'adoration en l'honneur de la déesse des nuits [1].

Nous avons dit plus haut que saint Éloi, dans ses véhémentes prédications contre les actes d'idolâtrie, s'inspirait sans doute des souvenirs de sa jeunesse et de son berceau limousin.

Nous avons quelques témoignages particuliers de la persistance, dans cette province, d'usages qui prouvent le rôle important que ses habitants attribuaient à la lune [2].

---

[1] On ne saurait prétendre que les pratiques superstitieuses condamnées par l'Église fussent nées plus ou moins récemment sur le sol de la Gaule. C'étaient bien certainement des restes de paganisme, comme le prouvent les nombreux documents cités, où ces pratiques sont qualifiées de *paganiae, spurcitiae Gentilitatis*. Il n'est pas inutile d'y joindre les deux chapitres suivants du livre Iᵉʳ du recueil de Capitulaires apocryphes composé, dans la deuxième moitié du ɪxᵉ siècle, par Benoît Lévite :

« 196. *Ut presbyteri sollicite curent ne inhonesta et turpia quaelibet fiant in ecclesiis.*

« Quando populus ad ecclesias venerit, tam per dies Dominicos quam et per sollemnitates Sanctorum, aliud non ibi agat nisi quod ad Dei pertinet servitium. Illas vero balationes et saltationes, canticaque turpia ac luxuriosa, et illa lusa diabolica non faciat nec in plateis, nec in domibus, neque in alio loco, *quia haec de paganorum consuetudine remanserant.* »

« 197. *Ne in mortuorum funeribus juxta paganorum ritum agatur.*

« Admoneantur fideles ut ad suos mortuos non agant *ea quae de paganorum ritu remanserunt*... Et quando eos ad sepulturam portaverint, illum ululatum excelsum non faciant... Et super eorum tumulos nec manducare nec bibere praesumant. »

(Pertz, *Monum. Germ. hist.*, Leg., t. II, 2ᵉ partie, p. 83.)

[2] Dans les métairies des environs de Tulle, quand une des bêtes de l'étable est malade, le paysan va, la nuit, dans le champ le plus voisin où il sait que croît la camomille; à la clarté de la lune, il cueille une gerbe de fleurs de cette plante, et en fait sur place une couronne, qu'il passe au cou de l'animal malade. Je ne sais si cet usage s'est maintenu, mais il existait encore il y a trente ans, d'après les récits que m'en ont faits des paysans. Il est à remarquer que, dans son livret de la *Lunade*, le P. Béril nous apprend que « *suivant la tradition de père à fils*, quelques hommes vieux et plusieurs jeunes garçons en grand nombre ont gardé jusqu'à présent la sainte et louable coutume d'aller à la Lunade, en chemise, ceints de cein-

Saint Éloi disait, comme on l'a vu plus haut, qu'elle servait à désigner et à marquer les temps : « Deus ad hoc lunam fecit ut tempora designet [1]. »

En voici un exemple. A Tulle, au moyen âge, on mentionnait, dans l'acte de présentation d'un nouveau-né sur les fonts de baptême, la *phase lunaire* pendant laquelle la naissance avait eu lieu. Les registres des actes de notaires, du xve siècle, contiennent plusieurs actes de ce genre : l'un d'eux, daté du 18 février 1473 (n. s.), porte ces mots : « Luna erat in descensu, in tercio quartierio [2]. »

Un deuxième fait à noter est le suivant : dans les marchés passés entre les marchands de bois et les entrepreneurs de flottage sur la haute Dordogne et ses affluents, les délais pour le transport et la livraison se comptent encore, non par jours, mais *par lunes*.

Quelle est la raison de ce mode de computation? C'est que la lune est la reine, la déesse de la nuit, et que, chez les Gaulois, la période diurne, au lieu de commencer, ainsi que cela s'est passé depuis, suivant le système romain, *au milieu de la nuit*, commençait *avec la nuit même*, et finissait quand le jour finissait.

Cette dernière remarque nous conduit à exposer la deuxième

---

ture, piés nus, tête nue, portant par-dessus leur habit blanc de grands chaperons de *fleurs de camomille* en forme d'écharpes. »

[1] D'Achery, *Spicilegium*, édit. in-4°. t. V, p. 216.

[2] Voici le texte entier de cet acte : « Die 18ᵉ februarii, anno 1472, circa aurorum diei sive *al oulba*, natus est Petrus octavus genitus; eum levaverunt de fontibus dominus Petrus Arnaldi presbiter et Isabellis de Saquet, filia Johannis Saquet Tutelle. *Luna erat in descensu, in tercio quartierio.* Sextarium siliginis valebat 5 solidos et 6ᵈ; sextar. frumenti, 8ˢ 4ᵈ; sextar. avene, 4ˢ et 4ᵈ; pinta vini, 3ᵈ. » (*Archiv. département. de la Corrèze*, Registres des actes des notaires publics de Tulle aux xvᵉ et xviᵉ siècles, liasse 81, fol. 36.) Il y a des actes conformes à celui que nous rapportons, aux années 1460, 1465 et 1475.

et principale raison de la fixation du commencement de la procession de la *Lunade* au lever de la lune, c'est-à-dire à l'entrée de la nuit.

§ 6.

Chez les Gaulois, la nuit précédant le jour, la période diurne commençait à l'entrée de la nuit. — C'est pourquoi la fête du solstice d'été commençait avec la nuit du 23 au 24 juin; la procession de la *Lunade* avait lieu et les feux de la Saint-Jean étaient allumés à ce moment.

« Dans la doctrine druidique, nous dit M. d'Arbois de Jubainville, la mort précède la vie, la mort engendre la vie; et comme la mort est identique à la nuit, et la vie identique au jour, la nuit précède et engendre le jour. De même, dans le monde divin des Irlandais, les Fomôré, dieux de la nuit et de la mort, sont chronologiquement antérieurs aux Tuâtha de Danann, dieux du jour et de la vie[1]. »

Cela nous fait bien comprendre le passage suivant du livre VI des *Commentaires de la guerre des Gaules*, où César a donné comme on sait, un tableau comparatif des croyances, des institutions et des mœurs des Gaulois et des Germains :

« Les Gaulois, dit-il, se proclament tous issus de *Dis pater* (le Jupiter infernal ou Pluton), et déclarent tenir cette tradition de leurs druides. Pour cette cause, ils mesurent les intervalles de tout temps (c'est-à-dire de toute période), *non par le nombre des jours, mais par le nombre des nuits;* et ils marquent les jours de naissance et les commencements des mois et des années de la vie, de façon que *le jour suit la nuit.* » — « Galli se omnes ab Dite patre prognatos praedicant, idque ab druidibus proditum dicunt. Ob eam causam, spatia omnis tem-

---

[1] *Cours de littérat. celtique*, t. II (*Le cycle mythologique irlandais et la mythologie celtique*). p. 104.

poris *non numero dierum, sed noctium* finiunt; dies natales et mensium et annorum initia sic observant, ut *noctem dies subsequatur*[1]. »

Ce que César a si formellement constaté chez les Gaulois, Tacite l'a observé chez les anciens Germains : « Ce n'est point, dit-il, par le nombre de jours, comme nous le faisons, mais par le nombre de nuits, qu'ils comptent; ils ont établi et observent cette règle, qui est observée de tous : la nuit semble précéder le jour. » — « Nec dierum numero, ut nos, sed noctium computant. Sic constituunt, sic condicunt, nox ducere diem videtur[2]. »

Après la conquête de la Gaule, les Romains y introduisirent, avec leurs lois, leur système relatif au point de départ du *jour civil*, qui était fixé de minuit à minuit, et à la computation par jours; et dès lors, dans les rapports et le langage officiels, les délais furent ainsi calculés.

Mais, lorsque survinrent, au ve siècle, les invasions des Barbares et la chute de l'Empire, et, au vi[e] siècle, l'installation définitive de peuplades germaines sur notre sol, la manière de mesurer le temps par le nombre des nuits, qui s'était conservée chez plusieurs d'entre elles, fut rétablie en Gaule, où elle était peut-être d'ailleurs restée en usage sur certains points. Il en fut ainsi chez les Francs Saliens et les Francs Ripuaires, à la différence des Wisigoths et des Burgundions, qui, depuis longtemps en contact avec le monde romain, avaient adopté, à cet égard, son régime légal.

---

[1] César, *De bello Gallico*, VI, 18; édit. de C. Nipperdey, p. 392; édit. de B. Dinter, dans la collection Teubner, p. 114.

[2] *De moribus Germaniæ*, cap. xi, édit. des Œuvres de Tacite, dans la collection Teubner, 1875, t. II, p. 197. Il est à remarquer que la même règle existait chez les Athéniens et d'autres peuples encore. Voir Pline, *Hist. naturalis*, II, 77 (79), édition de L. Janus, dans la collection Teubner, t. I, p. 106; et Censorinus, *De die natali*, 23.

C'est pourquoi nous la retrouvons dans la loi salique[1] et la loi des Ripuaires[2], dans les capitulaires des rois mérovingiens[3], dans les traités de paix et décrets de ces princes[4], dans l'Appendice aux formules de Marculfe[5], dans la *Lex emendata*, édictée par Charlemagne[6], enfin dans les capitulaires carolingiens[7].

Ce mode de computation fut légalement maintenu au cours des deux premiers siècles de la période féodale, comme l'atteste, pour le XIIe siècle, une lettre écrite par Geoffroi, abbé de Vendôme, entre les années 1116 et 1132, et dans laquelle il se déclare prêt, ainsi que ses moines, à comparaître devant l'évêque pour répondre à l'imputation d'actes sacrilèges, sous la réserve que « les délais de comparution leur seront assignés *non par nuits, suivant la coutume des laïques*, mais conformément aux prescriptions des canons » : « In hoc tamen non noctes secundum consuetudinem laicorum, sed secundum instituta canonum, inducias postulamus[8]. »

Les délais que réclamait l'abbé Geoffroi étaient calculés par jours, suivant la législation canonique et la législation romaine, sous le régime de laquelle on sait que le clergé continua de vivre[9].

---

[1] Voir, dans Behrend et Boretius (*Lex Salica*, etc.), le *Pactus Legis Salicæ*, tit. XXXVI, XXXVII, XLV, L, LII, LVI, p. 44, 45, 49, 59, 65, 69 et 73.

[2] *Lex Ripuariorum*, tit. XXX, cap. I et II; XXXIII, I et II; LVIII, V, VIII et XXI; LIX, IV; LXVI, VII; LXVII, III; LXXII, II; LXXVII; dans Walter, *Corpus juris Germanici antiqui*, t. I, p. 171, 173, 180, 183, 186, 187, 188 et 190.

[3] Behrend et Boretius, *ubi supra*, p. 91, 96, 114.

[4] *Ibid.*, p. 101, 103, 107, 109.

[5] Formule n° 2; dans Baluze, *Capitul. reg. Franc.*, t. II, col. 436. E. de Rozière, formule CCCCLXXIX, t. II, p. 581.

[6] Tit. XXXIX, XLII, XLVII, XLIX, LII, LIV, LIX. Pardessus, *La loi salique*, p. 301, 303, 308, 310, 311, 313 et 316.

[7] Boretius, *Capitular. reg. Francor.*, t. I, p. 70, 118, 201, 202; Baluze, t. I, col. 512, 514 et 668.

[8] Goffredi abbatis Vindocinensis epistolae, II, 27; dans Migne, *Patrol. Lat.*, t. CLVII, col. 94.

[9] « Ut ..... episcopus archidiaconum

Dès le commencement du xiiie siècle, nous voyons s'opérer à cet égard un changement important, qui n'a pas été encore, que je sache, signalé par les historiens et les écrivains juristes.

Au lieu de continuer de mesurer le temps par le nombre de nuits, les rédacteurs des actes législatifs ou juridiques le mesurèrent *à la fois par jours et par nuits*. Nous voyons en effet dans la coutume de Montpellier (1204), un délai de *deux jours et deux nuits*[1]; dans la coutume de Touraine-Anjou (1246), de nombreux articles qui fixent des délais de *sept jours et sept nuits*, de *quinze jours et quinze nuits*, de *quarante jours et quarante nuits*[2]; et ces mêmes dispositions sont reproduites dans les Établissements de saint Louis (1272)[3], et dans la *Compilatio de usibus Andegaviæ* (après 1315)[4].

Mais à cette dernière date s'arrête la série des actes officiels et réglementaires, conformes au système de computation par *nuits* ou par *jours et nuits*[5]. A partir de ce moment, le système

---

jubeat ut ei (servo) tabulas (*les tables d'affranchissement d'un esclave*) secundum legem Romanam *qua Ecclesia vivit* scribere faciat. » Lex Ripuarior., LVIII (dans Walter, *Corpus juris Germ. antiq.*, t. I, p. 180; Baluze, *Capitul. reg. Francor.*, t. I, col. 41). — «Ut omnis ordo Ecclesiarum secundum legem Romanam vivat.» Capitulaire longtemps attribué à Louis le Pieux (Pertz, *Leg.*, t. I, p. 228; Baluze, t. I, col. 690), mais en réalité étranger au règne de ce prince. (Voir Boretius, *Capitul. reg. Franc.*, t. I, p. 335.)

[1] Dans Giraud, *Essai sur l'histoire du droit français*, t. I, pièces justificatives, p. 55.

[2] Viollet, *Établissements de saint Louis*, t. III, p. 10, 12, 22, 31, 32, 39, 40, 41, 51, 61 et 100.

[3] Viollet, *loc. cit.*, t. II, p. 39, 41, 42, 43, 69, 70, 95-97, 309-310.

[4] Id., *ibid.*, t. III, p. 122.

[5] Il existe, à la vérité, dans la coutume de Metz et du pays messin, à côté d'articles réglant les délais par jours, une disposition qui fixait à *sept nuits* le délai après lequel le créancier pouvait faire vendre les meubles saisis au préjudice de son débiteur. Mais cette disposition a un caractère tellement spécial, exceptionnel même, qu'il n'y a rien à en induire pour le régime général. On observe, dans une charte de coutume de Dijon, que nous croyons être de la fin du xiiie siècle, une disposition semblable, à côté d'articles où les délais sont comptés par jours. (Voir Pérard, *Recueil de pièces curieuses pour l'histoire de Bourgogne*, p. 356.)

romain de computation par jours prévalut définitivement dans le langage juridique, comme dans l'usage commun des populations.

A toutes époques d'ailleurs, même avant l'époque féodale, les rédacteurs d'ordonnances, statuts provinciaux ou locaux, chartes, lois et libertés de communes, avaient fréquemment dérogé à la règle du calcul par nuits.

En tout cas, depuis près de six siècles, cette règle a cessé d'être appliquée non seulement dans la langue officielle, mais aussi dans les actes des particuliers.

Et pourtant on en retrouve la trace à des dates plus récentes chez les écrivains du xve et du xvie siècle [1], voire même chez les jurisconsultes du xvie et du xviie siècle.

François Pithou (fin du xvie siècle) rappelle, dans son Glossaire sur les Capitulaires, que, d'après les formulaires de praticiens, les défendeurs étaient assignés pour « comparoir dedans les nuictz [2] ».

A une date un peu plus récente, Jérôme Bignon, dans ses notes sur l'Appendice aux formules de Marculfe, publiées en 1613, fait connaître que, de son temps, la plupart disaient « *anuict*, comme *hac nocte* (cette nuit), pour *aujourd'hui* [3] ».

Dans le patois du bas Limousin, où *nuit* s'exprime par *nè*, on emploie, pour dire *aujourd'hui*, le mot *o-nè*, qui signifie proprement *à nuit*, expression identique à celle qu'em-

---

[1] Notamment : 1° les *Repues franches*, poème imprimé à la suite des Œuvres de François Villon († dans la deuxième moitié du xve siècle), et composé, non par cet auteur, mais par plusieurs de ses compagnons et disciples ; 2° Clément Marot († 1544).

[2] Dans Baluze, *Capitular. reg. Francor.*, t. II, col. 733. François Pithou, né en 1534, est mort en 1621.

[3] « Quo fit ut ad haec usque tempora, plerique *anuict*, quasi *hac nocte*, pro *hodie* usurpent. » (Hieronymi Bignonis notae ad Appendicem Marculfi ; dans Baluze, *Capitul.*, t. II, col. 955.) J. Bignon, né en 1589, est mort en 1656.

ployaient, il y a près de trois siècles, les habitants de Paris[1].

Ainsi s'explique ce fait que le solstice d'été, qui tombe le 24 juin, était célébré par les Gaulois, *le 23, après le coucher du soleil*. C'est qu'à ce moment, en réalité, s'ouvrait, chez eux, la période diurne du solstice du 24 juin.

C'est pour le même motif que les feux de la Saint-Jean étaient et sont encore allumés la veille au soir et non le jour de la Nativité du Précurseur, c'est-à-dire du solstice.

Enfin, c'est de là sans doute qu'est venu cet usage général, pour les fêtes patronales des particuliers, de porter à ceux-ci les offrandes avec les vœux de leurs parents et de leurs amis, non pas le jour de la fête, mais la veille au soir.

Tels sont les faits principaux concernant le commencement officiel en Gaule et puis en France de la période diurne et les modes divers de calcul des délais légaux qui y ont été successivement employés. Nous n'en avons donné ici qu'un aperçu sommaire et nécessairement défectueux, parce qu'une étude plus complète de cet intéressant sujet aurait exigé des développements qui dépassaient le cadre de notre travail[2].

---

[1] Le mot *anneuit* était naguère encore employé, avec le sens de *aujourd'hui*, dans le patois du département de la Meuse (*Mém. de la Soc. des antiq. de France*, 1re série, t. X, année 1834, p. 424). Le comte Jaubert a constaté l'usage des expressions *a nuict*, *annuict* et *annuit* avec la même signification, dans les campagnes du centre-nord (*Gloss. du centre de la France*, p. 466, col. 2). Enfin, mes savants confrères MM. Hauréau et Siméon Luce m'ont fait connaître que l'on se servait de termes analogues dans les patois du Maine et de la Normandie.

[2] Cette étude fera très prochainement l'objet d'un mémoire spécial, où nous donnerons les détails et les justifications qu'elle comporte.

§ 7.

Résumé et conclusion. — La procession de la *Lunade* dut être longtemps une pratique profane avant d'être une cérémonie consacrée par l'Église à saint Jean. — Il n'est pas impossible d'admettre que ce changement fut opéré, grâce à l'intervention d'un saint religieux, en la calamiteuse année 1348.

Nous croyons avoir démontré, dans le présent mémoire :

Que la légende et les opinions des écrivains qui ont placé en 1348 ou 1346 l'institution à Tulle, ville principale du bas Limousin, de la procession appelée le *Tour de la Lunade*, et en ont attribué l'origine ou la cause occasionnelle aux fléaux dont la contrée était alors affligée, n'ont point de base ni de valeur historique sérieuses;

Que, d'après le témoignage de saint Éloi, le culte du soleil subsistait encore en Gaule au vii⁰ siècle, et la fête du solstice d'été y était encore célébrée;

Que la fête de la Nativité de saint Jean-Baptiste, placée au 24 juin, se substitua à la fête païenne, et que la procession *religieuse* de la *Lunade* n'est autre que celle qui se faisait, sans doute, à pareil jour, à la même heure et suivant un rite semblable;

Que les feux qu'on allume de nos jours dans plusieurs provinces et particulièrement à Tulle, la veille de la Nativité du Précurseur, ne sont autres que les feux de joie qui, après avoir été longtemps condamnés, sous le nom de *nied fyr,* furent plus tard tolérés ou même acceptés par l'Église, et prirent le nom de feux *solsticiaux* ou de *feux de la Saint-Jean;*

Que l'usage de porter à travers les champs les *simulacra* ou idoles des faux dieux, condamné, au viii⁰ siècle, comme pratique païenne, fut remplacé, au plus tard au xii⁰ siècle, par le transport des statues des saints, et spécialement, dans la cérémonie limousine qui nous occupe, par le transport solennel de la statue de saint Jean ;

Que, l'adoration de la lune persistant en Gaule, ainsi que l'attestent, au VIIe siècle saint Éloi, et au VIIIe l'*Indiculus superstitionum*, la procession de la *Lunade* s'ouvrait la veille du jour du solstice, *au lever de la lune*, en l'honneur de la déesse des nuits ;

Que la cérémonie commençait alors, par une autre raison encore plus puissante, à savoir que ce moment était le point de départ du grand jour du solstice, puisque, chez les Gaulois, la nuit précédait le jour, et que celui-ci commençait à ce que nous appelons *la veille*, après le coucher du soleil.

De ces démonstrations découle la conséquence historique que le *Tour de la Lunade*, avant d'être une cérémonie chrétienne en l'honneur du saint Précurseur du Sauveur des hommes, fut longtemps une coutume profane, reste des anciens cultes, que les peuples pratiquaient le 23 juin, à l'époque de la fête du solstice d'été.

A quelle date cette transformation s'est-elle opérée? Nous n'avons aucun moyen de l'indiquer. Tout ce qu'il est permis de dire, c'est qu'elle dut être de beaucoup postérieure au milieu du VIIIe siècle, où l'autorité condamnait à la fois le port des *simulacra* et les *nied fyr* ou feux de joie du solstice d'été. D'un autre côté, elle était devenue *possible* dès avant l'année 1162, puisque le théologien J. Beleth, qui écrivait vers ces temps-là, parle des feux de la Saint-Jean comme d'un usage autorisé par l'Église. Je dis *autorisé* et non pas *adopté* par l'Église, car il conserva son caractère laïque. Mais si ce changement était devenu dès lors *possible*, nous demeurons tout à fait incertains sur l'époque où il se réalisa.

Il ne faut pas perdre de vue que les changements de cette sorte durent s'effectuer d'une manière fort inégale et plus ou moins promptement suivant les pays. Ils se produisirent sans doute plus tardivement qu'autre part, dans les provinces du centre et surtout en Limousin, où les populations se montrèrent toujours profondément attachées à leurs vieilles croyances et à leurs pratiques superstitieuses.

D'après cela, il ne serait pas impossible, comme je l'ai annoncé au début de cette étude, de concilier les conclusions ci-dessus formulées avec la tradition rapportée par le P. Béril et par Baluze, touchant l'époque où s'établit, à Tulle, la procession *religieuse* de la *Lunade*, et les malheurs qui l'auraient provoquée.

Suivant la notice relative à la fondation de la confrérie de Saint-Léger, publiée par Baluze[1], la guerre, la famine et une épidémie meurtrière causaient, en 1348, de cruels ravages dans le bas Limousin; et comme les habitants continuaient de célébrer, le 23 juin au soir, la fête du solstice, il n'y a point d'empêchement absolu[2] à ce que l'on suppose qu'aux approches de ce jour, un religieux de l'abbaye de Saint-Martin de Tulle, « réputé pour sa sainteté », usa de son prestige et de son influence pour déterminer les habitants de cette ville, consternés par le triple fléau, à changer leur cérémonie en une procession ayant pour but d'honorer saint Jean-Baptiste, « ce grand amy de Dieu », et d'obtenir par son intercession la fin de tous leurs maux[3]. Cette nouvelle procession *religieuse* aurait été naturelle-

---

[1] Voir ci-dessus, § 1, p. 11.

[2] Nous disons qu'il n'y a point d'*empêchement absolu* à une telle conjecture; mais nous devons rappeler ici l'objection tirée du silence gardé à cet égard dans la notice de la confrérie de Saint-Léger (voir plus haut, p. 13). Il faudrait, dans l'hypothèse de la transformation du *Tour de la Lunade* en 1348, placer la création de ladite confrérie à une époque antérieure au mois de juin de cette année.

[3] Notre savant compatriote M. Clément

ment réglée de manière à s'effectuer le même jour, au même moment que l'ancienne, et suivant un cérémonial qui se rapprochât autant que possible du rite accoutumé.

Le *Tour de la Lunade*, tel qu'il s'accomplit depuis plusieurs siècles, serait ainsi, non pas une création, comme le prétend la légende, mais la forme sanctifiée d'une vieille coutume profane. L'Église, dans sa profonde sagesse, aurait, en cette circonstance de même qu'en beaucoup d'autres, rattaché au culte chrétien une solennité païenne, dont elle n'avait pu jusque-là obtenir l'abandon.

Simon, dans la substantielle notice déjà citée (*Album de la Corrèze*, n° du 1ᵉʳ juillet 1856), a pensé que les populations avaient, en 1348, spontanément renoncé à d'anciennes pratiques et adopté une nouvelle cérémonie. Nous ne croyons pas qu'il en ait été ainsi. Dès l'instant que l'on admet la date et les circonstances déterminantes de 1348, il faut, suivant nous, admettre l'intervention de l'élément monastique, qui était alors dominant à Tulle, et se rapprocher autant que possible de la légende et de la tradition rapportées dans le paragraphe 1ᵉʳ du présent mémoire.

APPENDICE.

I

DE L'IDÉE QUI, CHEZ LES ANCIENS PEUPLES, A PRÉSIDÉ À LA CÉLÉBRATION DU *SOLSTICE D'ÉTÉ*.

M. Gaidoz, dans son savant mémoire intitulé : *Le dieu gaulois du Soleil et le symbolisme de la roue*, s'exprime ainsi : « La nature semblait indiquer quatre grandes dates pour le culte du Soleil : les deux solstices et les deux équinoxes; les deux solstices surtout frappaient l'imagination : au solstice d'hiver (25 décembre), le soleil semblait renaître de sa décrépitude et de sa faiblesse; au solstice d'été (25 juin), *il paraissait condamné à une lente diminution de forces*[1]. »

Cette dernière conception est, à mon sens, entièrement opposée à celle qui a présidé à la célébration du solstice d'été. Il est inadmissible que, dans la période des religions naturistes, les hommes se soient réjouis d'un affaiblissement fatal et prochain de l'astre-roi, d'une diminution graduelle des jours, et qu'ils aient eu la singulière pensée de célébrer la décadence de leur dieu[2]. C'est l'idée contraire qui est la vraie : celle de célébrer la puissance du dieu Soleil, *parvenu, le 24 juin* (et non le 25) *à son apogée, et s'y maintenant pendant plusieurs jours*. On se réjouit de son triomphe et on le célèbre, comme on célèbre, le 25 décembre, le *point de départ de sa marche ascendante*.

L'explication de la fête du solstice d'été, et plus exactement de la fête de la Nativité de saint Jean-Baptiste, qui, depuis l'établissement officiel du

---

[1] *Rev. archéol.*, 3ᵉ série, année 1884, t. II, p. 19 et suiv.

[2] Toutes les fêtes, dans l'antiquité et au moyen âge, n'étaient assurément pas des fêtes de réjouissance il y en avait aussi de funèbres; mais on ne peut voir une fête de cette dernière espèce dans celles du solstice d'été et de saint Jean, qui, d'après tout ce que nous en savons, étaient des solennités joyeuses, où éclatait l'allégresse populaire. « In die S. Johannis, *propter jucunditatem*, » est-il dit dans un passage de l'ouvrage du chanoine Martin d'Arles (*Tractat. tractatuum*, édit. de Lyon, 1544, IX, 104). Ce caractère joyeux est écrit à chaque page du livret du P. Béril sur la procession de la Lunade.

christianisme, s'est substituée à la première, par l'affaiblissement des rayons solaires et la décroissance des jours, est une conception et l'œuvre exclusive des apologistes chrétiens, lesquels ont voulu éviter, pour la fête de la Nativité du Christ, précédemment fixée au solstice d'hiver (25 décembre), une infériorité sensible au regard de la fête du solstice d'été, qui, dans l'imagination populaire, avait un bien plus grand prestige que le solstice d'hiver.

Nous devons, à ce propos, entrer dans quelques détails touchant la fête de Noël.

Lorsque le christianisme eut triomphé officiellement dans l'empire par la conversion de Constantin le Grand, les chrétiens voulurent célébrer la naissance de Jésus; mais on ignorait la date précise de cet événement [1]; les églises d'Orient la placèrent au 6 janvier, époque de la renaissance d'Osiris; les églises d'Occident la placèrent au 25 décembre, date de la renaissance du soleil ou du solstice d'hiver.

Plus tard (vers le premier tiers du ve siècle), lorsqu'on jugea nécessaire de remplacer par une fête chrétienne la fête païenne du solstice d'été, l'Église y fixa la Nativité du saint Précurseur du Christ, de celui dont les évangélistes ont raconté la conception et la naissance miraculeuses avec autant de détails que celles du Christ [2], de celui qui, dans le sein de la vieille épouse du vieux Zacharie, tressaillit aux approches et à la salutation de la Vierge, qui venait de concevoir le Sauveur du monde [3]. Jean avait été conçu *six mois avant Jésus* [4]; c'était là une indication pour fêter sa naissance *six mois avant la Noël*, c'est-à-dire exactement au jour du solstice d'été.

Mais comment admettre que, tandis qu'il y avait, à la fête du Christ, au solstice d'hiver, un simple commencement de renaissance du soleil, il y aurait eu, à la fête du Précurseur, au solstice d'été, un apogée et un triomphe de l'astre roi! C'eût été, pour cette dernière solennité, une cause de supériorité inadmissible vis-à-vis de la première : c'est pourquoi, s'autorisant d'un passage de l'Évangile selon saint Jean [5], les apologistes chrétiens n'ont voulu voir dans le solstice d'été, devenu la fête de la Nativité de saint Jean-Baptiste, qu'une époque de décroissance du soleil.

---

[1] On ne connaissait que les dates de la Passion et de la Résurrection.

[2] Voir l'évangile selon saint Luc, chap. 1er, versets 7 à 36.

[3] Voir, dans le même évangile et au même chapitre, les versets 41 et 44.

[4] Évangile selon saint Luc, chap. 1er, verset 36.

[5] « Lui (le Christ), il faut qu'il croisse, et moi, que je diminue. » « Illum oportet crescere, me autem minui. » (Évangile selon saint Jean, chap. III, verset 30.)

II

Des critiques élevées contre l'authenticité de certaines parties de la Vie de saint Éloi, écrite par saint Ouen.

Des doutes sérieux ont été émis au sujet de l'authenticité de plusieurs parties de la *Vie de saint Éloi*[1], qui a pour auteur son contemporain et son ami saint Ouen, évêque de Rouen[2]. De savants critiques du siècle dernier et de notre époque[3] ont regardé divers chapitres de ce livre comme interpolés.

Tout récemment, dans une thèse inaugurale[4], M. Oscar Reich a examiné en détail ces critiques, et cherché à expliquer les passages incriminés, et il a finalement conclu qu'elles ne sont point fondées. Il pense que le premier livre, celui qui est le plus suspecté, a été publié d'abord isolément entre 658 et 664 (et plus près de la première que de la seconde date), et adressé, avec l'épître dédicatoire, à Chrodobert, évêque de Paris; que le deuxième livre, ou plutôt que ce livre complété a été publié en 670. M. Reich explique certains passages, qui seraient inintelligibles sans cela, par des changements dans la place des chiffres de titres, qui auraient été opérés, après la première publication[5], par des mains étrangères. « On s'aperçut trop tard, dit-il dans un passage dont nous traduisons ici le texte, que les détails personnels contenus dans le préambule du premier livre seraient impossibles à comprendre, et, pour remédier à cet inconvénient, on mit en tête de la biographie du saint cette phrase qui se trouve aujourd'hui dans les éditions : « *Incipit prologus beati Audoëni episcopi Rotomagensis.* » C'est donc, par le fait, une addition postérieure, qui tombe d'elle-même, dès qu'on place avant la *Vie* la lettre dédicatoire de *Dado*...

---

[1] Saint Éloi (*Eligius*), né vers 588, fut élu évêque de Noyon en 639 et sacré en 640; il mourut en 659.

[2] Saint Ouen (*Audoënus*, appelé aussi par lui-même *Dado*, dans la *Vie de saint Éloi*) est né vers 609 et mort en 683. Il avait été élu évêque de Rouen en 639, en même temps que saint Éloi était élu à Noyon.

[3] Signalons, parmi ces auteurs, le P. Le Cointe (*Annales ecclesiastici Francorum*, t. III, p. 40, 105, 106, 175, 395, 643), et Sarvaas (*Disquisitio de vita et scriptis Eligii episcopi Noviomagensis*, Amstelodami, 1859).

[4] *Über Audoens Lebensbeschreibung des heiligen Eligius inaugural Dissertation.* Halle, 1871.

[5] « *Aenderungen in der Redaction der Vita.* — « Später, als das Werk vollständig vorlag, wurde die Stellung der Briefe verrückt », (p. 17, au commencement).

« L'opinion que la *Vie* ne contient aucune interpolation démontrable est confirmée par l'examen du détail [1]. Là-dessus, on pourrait simplement renvoyer aux commentaires de La Barre et Ghuesquières, qui, en approfondissant chaque chose par le menu, n'ont trouvé aucun soupçon à élever contre l'authenticité de l'œuvre [2]... »

Telle est la conclusion très catégorique de M. O. Reich.

Nous ne croyons pas pouvoir y adhérer entièrement. La réfutation des critiques dont la *Vie de saint Éloi* a été l'objet ne nous semble pas complètement satisfaisante. M. Reich reconnaît lui-même que le livre a été remanié. Il est vrai qu'à ses yeux ce remaniement s'est borné à des changements ou interversions de chiffres de titres; mais rien ne nous le garantit, et dès que l'on a altéré la forme du premier texte, il est fort à craindre que l'auteur de ces altérations n'y ait aussi intercalé des phrases nouvelles, comme cela s'est fait si souvent en pareil cas.

Ces changements et probablement ces additions eurent lieu après la mort de l'auteur, qui est survenue en 683, c'est-à-dire quelques années seulement avant l'ère du gouvernement des Maires du palais et de la puissante maison d'Héristal. Nous touchons au commencement de la période carolingienne, dont plusieurs passages de la *Vie de saint Éloi*, telle que nous l'avons, marquent l'esprit et l'influence.

Cela dit, il est à remarquer que le chapitre xv du livre II de cette biographie, auquel nous avons emprunté nos citations, n'a pas été l'objet de critiques sérieuses.

En tout cas, si (ce qui nous paraît fort douteux) cette partie de l'œuvre devait être considérée comme appartenant à l'époque carolingienne, loin d'affaiblir notre thèse, cette circonstance la confirmerait, puisqu'elle ferait descendre jusqu'à des temps plus récents du moyen âge la persistance des croyances superstitieuses et des pratiques profanes.

III

DISTINCTION NÉCESSAIRE ENTRE LE *NODFYR*, PRATIQUE PROFANE DU *FEU TIRÉ DU BOIS PAR LE FROTTEMENT*, ET LES FEUX DE JOIE *SACRILÈGES* APPELÉS *NIED FYR*.

Nous avons montré, dans le paragraphe 3 de notre Mémoire, que les

---

[1] «Das Vertrauen, dass die Vita keine nachweisbaren Interpolationen enthält, befestigt sich durch ein Eingehen auf das Detail.» *Ubi supra*. — [2] *Ibid.*, pages 9 à 17.

ignes sacrilegos condamnés, sous le nom de *nied fyr*, par un capitulaire de 742, n'étaient autres que les *feux solsticiaux*, les feux de joie *sacrilèges*, qu'on allumait primitivement la veille du solstice et, plus tard, de la Saint-Jean, non pas avec du feu ordinaire, mais avec du feu obtenu *par le frottement du bois*. Nous avons dit que cette dernière pratique, mentionnée dans l'*Indiculus superstitionum et paganiarum* rédigé au viiie siècle, sous le titre : « *De igne fricato de ligno*, id est *nodfyr* », bien qu'ayant avec la coutume des *nied fyr* ou des feux de joie la relation que nous venons d'indiquer, ne devait pas être confondue avec cette dernière, comme elle l'a été par nombre d'auteurs.

Lindenbrog[1], Joh. Reiske[2], Eckhart[3], Wachter[4], J. Grimm lui-même[5] et Boretius[6] ont fait cette confusion : ils ont vu là une seule et même pratique païenne, sous la dénomination de *nodfyr*, sans tenir compte des différences profondes et frappantes pourtant de la forme des deux mots de *nied fyr* et de *nodfyr*, de leurs significations respectives et des commentaires qui accompagnent chacun d'eux, dans le capitulaire de 742 et dans l'*Indiculus*.

Adoptant, pour l'un et pour l'autre, la forme *nodfyr*, Lindenbrog a traduit *fyr*, comme il le fallait, par *ignis*, et *nod* par *necessarius*; ce qui donne, pour le vocable composé, *ignis necessarius*, feu nécessaire ou de nécessité.

Cette interprétation a été généralement acceptée par les historiens des deux siècles derniers. Toutefois Wachter semble avoir préféré, pour *not* ou *nod*, le sens de *calamitas* ou *periculum*, et pour le mot composé *notfyr*, le sens de *feu de calamité* ou *feu mauvais*[7].

J. Grimm, qui a tant fait avancer la science mythologique ou plus exactement l'a entièrement renouvelée, s'exprime ainsi relativement à la signification de *nodfyr* ou *notfyr*; je le traduis littéralement : « *Notfyr* paraît bien dériver de *not* (*necessitas*), soit parce que le feu est en quelque sorte *contraint* d'apparaître, soit parce qu'on forçait le bétail d'entrer dans le brasier, soit enfin parce que la génération de ce feu est amenée par une nécessité, l'épidémie.

---

[1] *Cod. leg. antiq. Barbaror.*, Francfort, 1613, p. 1445, col. 1. Glossar., voc. *Nodfyrs*.

[2] *Untersuchung des Notfeuers*, Francfort et Leipzig, 1696, VIII, p. 51.

[3] *Commentarii de reb. Franciae oriental.*, t. I. p. 424.

[4] *Glossar. Germanic.*, voc. *Not*, col. 1149.

[5] *Deutsche Mythologie*, 2e édit., p. 570 et suiv.

[6] *Capitular. reg. Francor.*, t. I, p. 25, note 9. Boretius se réfère sur ce point à l'opinion de Grimm.

[7] *Glossar.*, p. 1150.

« Je n'en veux pas moins essayer de donner une autre explication :

« *Notfiur*, *nodfiur* pourraient être une corruption d'un mot plus ancien, *hnotfiur*, *hnodfiur*, dont la racine *hniudan* a le sens de *quassare*, *terere*, *tundere*; le feu, dans ce cas, serait le produit d'une violente secousse, d'un choc, d'un frottement.

« En Suède, précisément, il s'appelle *vrideld* ou *gnideld*, de *vrida* (torquere, circumagere), ancien haut allemand *ridan*, moyen haut allemand *riden*, et de *gnida* (fricare), ancien haut allemand *knitan*, *gnidan* (conterere, fricare, depsere). En Suède, comme chez nous, on le produit en frottant l'un contre l'autre deux morceaux de bois [1]. »

J'ai tenu à reproduire cet important passage du livre de Grimm, parce que, bien que le célèbre mythologue ait finalement maintenu en principe l'interprétation de Lindenbrog, il a, dans ce qu'il appelle « sa tentative », entrevu la véritable signification de *notfyr*. Avant d'apprécier cette tentative, je dois faire remarquer combien il est peu rationnel de confondre les *nied fyr* avec le *nodfyr*, et d'en faire une seule et même chose, alors que ces deux pratiques profanes sont mentionnées dans deux documents différents; que, dans les diverses leçons fournies par les manuscrits du capitulaire de 742 pour les *nied fyr*, il n'y en a pas une seule qui donne la forme *nodfyr* ou *notfyr*, ou s'en rapproche [2]; et que, d'un autre côté, l'*Indiculus* ne donne, pour *nodfyr*, aucune variante quelconque [3].

Nous avons maintenant à dire quelques mots sur les raisons que Grimm a présentées hypothétiquement à l'appui de l'explication de *nodfyr* par *feu nécessaire*.

Les deux premières de ces raisons sont si peu plausibles et même si peu dignes de cet éminent esprit, que la réfutation en paraît superflue.

Il n'en est pas de même de la troisième, parce que, en fait, les *notfyr* étaient souvent employés pour conjurer les maladies épidémiques et surtout les épizooties. Mais, même ainsi envisagée, la traduction proposée par Lindenbrog est, à mes yeux, inadmissible, car elle ne saurait s'appliquer aux feux de joie et aux réjouissances publiques du solstice d'été et à la fête de saint Jean.

---

[1] *D. Myth.*, p. 573 *in fine* et 574.
[2] Voici ces différentes leçons, telles que nous les trouvons dans l'édition de Boretius, *Capitular.*, p. 25, note 1 : « Neidfyr, niedfeor, niedfrs, metfratres. »
[3] Voir Boretius, *loc. cit.*, p. 223.

Quant à la proposition de Wachter, elle me semble aussi peu acceptable que celle de Lindenbrog. Il est difficile de comprendre que le feu sacré des païens eût reçu le qualificatif de *calamiteux* ou *mauvais*, de la part de ceux mêmes qui continuaient de le révérer et d'observer l'antique coutume profane.

On ne s'explique pas enfin pourquoi les historiens et les glossateurs se sont évertués à chercher des significations plus ou moins arbitraires et tirées de si loin, lorsqu'ils avaient un guide infaillible, la définition même que le rédacteur de l'*Indiculus* avait placée à côté des termes à définir.

C'est pourquoi il y a lieu de s'étonner que Grimm, après avoir aperçu et indiqué le rapport de *not* avec des verbes du haut allemand signifiant *fricare*, se soit arrêté en chemin, et qu'au lieu de se borner à des étymologies en partie contestables, il n'ait pas fait le rapprochement si simple, si naturel, de *not-fyr* avec le *igne fricato* de l'*Indiculus*.

Ce document porte textuellement à son article 5 : « De igne fricato de ligno, id est *nodfyr*. »

Nous avons là une glose semblable aux gloses malbergiques de la Loi salique. Le rédacteur de l'*Indiculus* a mentionné la coutume païenne par les mots latins : « De igne fricato de ligno », qui n'offrent aucune ambiguïté et sur le sens desquels il n'y a aucun doute, aucun dissentiment, et il a ajouté, en langue gothique ou en haut allemand, le nom dont le vulgaire appelait cette pratique. Ne va-t-il pas de soi que ce mot vulgaire doit répondre à la définition latine, ou du moins s'en rapprocher le plus possible? Or, le premier vocable *nod* ou *not*, qui a servi, avec *fyr* (feu), à former le composé *nod-fyr* ou *not-fyr*, a le sens de *pression, force, action violente* : n'est-il pas dès lors tout à fait naturel de rapprocher ce mot composé de *igne fricato*, qui est bien un feu produit par la pression, par le frottement?

Les gens adonnés à cette pratique attachaient une vertu particulière au feu produit ainsi : c'était une sorte de feu sacré, et l'acte par lequel on l'obtenait et dont l'origine était sans aucun doute très reculée avait un caractère profane, qui le faisait à la fois réprouver par l'Église et condamner par l'autorité séculière.

Nous avons rappelé, au début de cette notice, la relation qui existait entre le *nodfyr* ou *igne fricato*, et les feux de joie *sacrilèges* appelés *nied fyr*, qu'on allumait avec le *nodfyr*, feu sacré des païens.

Mais les deux actes restent distincts l'un de l'autre.

Cela est tellement vrai que nous voyons, par des exemples nombreux rapportés par Grimm, et empruntés à l'Irlande, l'Écosse, l'Angleterre, la Scandinavie, au nord et au sud de l'Allemagne, qu'*à toute époque de l'année*, on pratiquait l'usage superstitieux de la production du feu par le frottement du bois[1]. Le *nodfyr* était donc incontestablement un acte tout à fait indépendant des *nied fyr*, des feux de joie du solstice d'été, et plus tard de la Saint-Jean, auxquels seulement on le faisait concourir.

IV

SUR L'USAGE DE PORTER, AU *TOUR DE LA LUNADE* À TULLE, ET À LA *FÊTE DE SAINT JEAN* DANS TOUS LES PAYS OÙ ELLE EST CÉLÉBRÉE, DES COURONNES, CHAPERONS ET CEINTURES DE FLEURS ET D'HERBES MÉDICINALES.

Un des traits caractéristiques de la fête de saint Jean-Baptiste, et qui est commun à tous les pays où cette fête se célébrait, c'est l'usage de cueillir, dans la nuit qui précède le jour de la Nativité, des fleurs, des herbes et principalement des plantes ayant des propriétés médicinales, d'en faire des «couronnes, chapels, chaperons, ceintures et guirlandes», que l'on portait dans les cérémonies et les réjouissances publiques, que l'on faisait passer aux flammes des bûchers, et que chacun conservait ensuite précieusement dans sa demeure, comme une sauvegarde contre les maux physiques, comme un talisman contre les adversités.

Voici quelques exemples curieux de ces coutumes, qui viennent s'ajouter à ceux que nous avons rapportés dans le cours de notre mémoire[2] :

En Provence, les maisons se remplissent de fleurs et sont décorées d'herbes, auxquelles, pourvu qu'elles aient été cueillies avant le lever du soleil, on attache une vertu curative. De là est venu le dicton populaire : «Ce sont les herbes de la Saint-Jean;» — «*aco soun dherba dé san Jan.*» Certaines de ces plantes sont jetées dans le feu de la Saint-Jean[3].

En Angleterre, les feux de la Saint-Jean duraient jusqu'à minuit; les jeunes garçons et les jeunes filles dansaient autour du bûcher ardent, la tête couronnée de *mélisse* et de *verveine*, et tenant des violettes à la main[4].

En Russie, les jeunes gens des deux sexes se rassemblent le jour de la

---

[1] *D. Myth.*, p. 569 à 582. — [2] Voir ci-dessus, § 3, p. 24 et 25. — [3] Millin, *Voyage dans le midi de la France*, t. III, p. 341-345. — [4] J. Grimm, *Deutsche Mythologie*, p. 589.

fête du Précurseur, et, couronnés de *fleurs*, *les reins ceints d'herbes consacrées*, ils allument le feu de la Saint-Jean, appelé chez eux *Kupalo* (du nom du dieu de la récolte), sautent par-dessus, et y poussent leurs troupeaux[1].

En Allemagne, pendant que brûlent les feux de la Saint-Jean, on porte *des couronnes faites d'armoise et de verveine*, et chacun a dans la main une *herbe bleue, appelée « éperon de chevalier »*[2].

Il est intéressant de constater dans ces diverses contrées, comme nous l'avons constatée en Limousin, l'existence des mêmes pratiques avec leur caractère païen. N'est-ce pas un indice remarquable de l'universalité et de l'origine première de la solennité qui nous occupe, et spécialement des feux *solsticiaux* qui s'y allument, dédiés à saint Jean comme ils l'étaient auparavant au dieu Soleil ?

V

DE CERTAINES COUTUMES PAÏENNES OBSERVÉES DANS LES FUNÉRAILLES OU À LA SUITE DES FUNÉRAILLES, AU MOYEN ÂGE.

Parmi les coutumes qu'on observait aux funérailles avant l'établissement du christianisme, il en est plusieurs qui, malgré les prohibitions de l'Église et de l'autorité séculière, continuèrent d'être pratiquées en Gaule, au moyen âge. Il nous paraît à propos de les signaler ici, parce que, d'une part, nous sommes à même de produire, en ce qui les regarde, quelques documents que nous croyons en partie inédits, et que, d'autre part, les unes sont restées en vigueur jusque dans des temps assez rapprochés de nous, et les autres subsistent encore, à ma connaissance, dans certaines provinces et notamment dans les campagnes du Limousin.

1° *Chants diaboliques sur le corps du défunt pendant la veillée funèbre qui précédait les funérailles.*

Dans les statuts édictés, peu après 1279, par l'évêque Augier, pour son église de Conserans ou Couserans, laquelle prit plus tard, de son patron, le nom de Saint-Lizier, nous trouvons la recommandation à son clergé d'interdire ou empêcher les chants *diaboliques* sur les morts pendant la nuit, c'est-à-dire pendant la veillée funèbre; recommandation exprimée en termes qui

---

[1] J. Grimm, *op. cit.*, p. 590-591. — [2] Id., *ibid.*, p. 585.

indiquent bien qu'ils étaient d'un usage courant : « Carmina diabolica quae super mortuos, nocturnis horis, vulgo fieri solent... prohibite (sic)[1]. »

2° LES SACRIFICIA MORTUORUM ET HURLEMENTS, SUIVANT LE RITE PAÏEN, PENDANT LE TRANSPORT DU DÉFUNT À SA SÉPULTURE.

Le capitulaire édicté le 21 avril 742, par Karloman, *in plena synodo*, prescrit aux évêques d'empêcher les cérémonies profanes qui y sont appelées *sacrificia mortuorum*[2]. Un des capitulaires apocryphes contenus dans le recueil composé, dans la deuxième moitié du IX° siècle, par Benoît Lévite interdit aux fidèles de se livrer, pendant les funérailles, à des actes que le législateur qualifie d'usages survivants du culte païen :

« *Ne in mortuorum funeribus juxta paganorum ritum agatur.*

« *Admoneantur fideles ut ad suos mortuos non agant ea quae de paganorum ritu remanserunt... Et quando eos ad sepulturam portaverint, illum ululatum excelsum non faciant...*[3] »

3° CANTILÈNES, VOCIFÉRATIONS, GRANDS BRUITS PRODUITS, DANS L'ÉGLISE, AU MOYEN DE BÂTONS OU AUTRES INSTRUMENTS, PENDANT L'OFFICE DES MORTS.

Une constitution provinciale édictée, en 1315, pour l'église d'Auch, par son évêque Guillermus, renferme une disposition qui montre que souvent les amis, parents et serviteurs du défunt se livraient à des manifestations de ce genre, qui troublaient et empêchaient même de continuer le service divin.

Voici le texte du titre de ladite constitution, où le prélat réprouve et prohibe de tels agissements, et ordonne que l'on cesse de procéder au service religieux tant que cet empêchement durera. Nous donnons ce document, avec les évidentes incorrections qu'il présente et sa rédaction assez confuse, qui en rend la traduction littérale difficile et même, en certains endroits, impossible :

« *In titulo de sepulturis.* »

« Firmiter duximus statuendum, propter multos clamores qui ad nos saepe et saepius pervenerunt, quod, in exequiis divinis in ecclesia mortuis

---

[1] Mss. Bibl. nat., fonds latin, n° 12,205, fol. 131.
[2] Boretius, *Capitular. reg. Francor.*, t. 1, p. 25.
[3] Lib. II, cap. 197; dans Pertz, *Monum. Germ. hist.*, Leg., t. II, 2° partie, p. 83, col. 1. L'insertion de ces dispositions dans le recueil de Benoît Lévite prouve bien que les pratiques qu'elles condamnaient étaient usitées au IX° siècle.

impendendis, impedimenta quamplurima proveniunt per amicos, cognatos aliosve domesticos, in ecclesia funere existente, cantilenas, lamentationes, per ululatus et alios clamores vociferando, existendo (sic) et faciatis (pro *facientes*) sonitus cum baculis vel aliis instrumentis, vel quocumque alio divinum officium impediendo. Idcirco, ut non sint in ecclesia lamentationes, lugentes magnis et aliis clamoribus, vel quidquam aliud facientes, propter quod divinum officium perturbetur. Et si contrarium attentetur, cessetur a divinis indictis obsequiis, quamdiu duraverit impedimentum praedictum; et nihilominus praedicti impedientes per ordinarios alios legitime puniantur[1]. »

4° Repas funèbre sur la tombe du défunt, conformément au rite païen, remplacé, plus tard, par le repas funèbre donné dans le logis du défunt, au retour des funérailles.

Nous avons reproduit plus haut une partie du chapitre 197 du livre II du recueil de capitulaires apocryphes, composé au IX° siècle par Benoît Lévite. Ce chapitre porte la rubrique suivante : « *Ne in mortuorum funeribus juxta paganorum ritum agatur* », et commence par ces mots : « Admoneantur fideles ut ad suos mortuos non agant ea quae de paganorum ritu remanserunt. »

A la suite de la défense de pousser des hurlements ou cris lamentables quand on porte le défunt à sa sépulture, il est ordonné :

« Devota mente et cum compunctione cordis in quantum sensum habuerint, pro ejus (defuncti) anima excelsa implorare Dei misericordiam faciant. Et illi qui psalmos non tenent, voce *Kyrie eleyson*, *Christe eleyson*, viris inchoantibus mulieribusque respondentibus, alta voce canere studeant pro ejus anima. Et *super eorum* (mortuorum) *tumulos manducare nec bibere praesumant*. Quod si fecerint, canonicam sententiam accipiant[2]. »

---

[1] Mss. Bibl. nat., fonds latin, n° 12,203, fol. 180 (anc. fol. 183). Le titre *de sepulturis* est précédé, dans ce document inédit, d'un titre relatif aux sorciers, qu'il me paraît bon d'insérer ici :

« *Titulus de sortilegis*.

« Quia in volatu et garritu avium, in spatilibus (sic) vel ossibus animalium, in verbis seu responsis fatidicis quorumdam, qui vulgariter divini et divinae vocantur, quamplures inter provinciae (sic) futura exquirere asseruntur in eorum praejudicium animarum, cum solius Dei sit proprium scire futura... Statuimus omnes tales utriusque sexus, nec non omnes et singulos sortilegos (pro *sortilegos*), divinatores, daemones convocantes, auguriis abutentes, divinos et divinas, et in praemissis dantes consilium vel favorem, singulis diebus Dominicis in ecclesiis parrochialibus escommunicatos publice nunciari... etc. » (*Loc. cit.*, fol. 175.)

[2] Pertz, *Monum. German. histor.*, Leg., t. II, 2° partie, p. 83, col. 1.

Je ne puis me dispenser de reproduire ici un exemple de cet antique usage du repas funèbre, qui m'est fourni par le chroniqueur toulousain Bardin. En 1327, un des consuls de la ville de Toulouse[1] voulut assister, vivant, à ses propres funérailles : elles eurent lieu en grande pompe, en présence de tous les capitouls, dans l'église des Frères Prêcheurs. Le consul fut placé dans son cercueil, les mains jointes suivant la coutume, avec quarante cierges allumés autour; la messe solennelle des morts ayant été célébrée, et toutes les cérémonies usitées étant accomplies, le cercueil contenant le corps fut porté comme pour l'ensevelissement et déposé auprès du maître autel. Là, le service religieux prit fin; le consul sortit de son cercueil, et, accompagné de ses collègues, il regagna son logis, où « le repas funèbre leur fut servi », — « *et ibi prandio funebri donati sunt* [2] ».

Ce dernier acte était, sans doute, destiné à compléter la singulière représentation, où le consul toulousain avait voulu se donner, par anticipation, une idée de ce qui se passerait après sa propre mort. Toutefois l'antique coutume était probablement alors modifiée en ce que le festin des funérailles ne se prenait plus sur la tombe où l'on venait d'enfermer le défunt, mais à sa demeure, où, sur l'invitation de la famille, l'assistance retournait après l'ensevelissement.

Tel est encore l'usage dans les campagnes du bas Limousin : les plus pauvres ménages de cultivateurs (et la plupart ont à peine le nécessaire) n'oseraient se dispenser de convier les parents, amis et voisins à un repas, presque toujours assez grossier, qu'on appelle, dans le patois du pays, du nom significatif de *las mourtalias*.

---

[1] Appelé D. d'Escalquencis.
[2] D. Vaissette et D. de Vic, *Histoire de Languedoc*, 1ʳᵉ édit., in-fol., t. IV, col. 22. Cela se passait le 22 avril 1327, en l'absence de l'archevêque de Toulouse; à son retour, le prélat convoqua en un synode provincial les évêques suffragants et les abbés de sa province; et l'assemblée, réunie au mois de juin suivant, se prononça contre la légalité et l'orthodoxie du fait soumis à son jugement, et l'interdit pour l'avenir sous peine d'excommunication. (*Ubi supra.*)

TABLE DES MATIÈRES.

§ 1. — Description de la procession de la *Lunade*, qui a lieu le 23 juin au soir, en l'honneur de saint Jean-Baptiste. — Légende et opinions relatives à son origine.. 6

§ 2. — Examen critique de la légende et des opinions relatives à l'origine de la procession de la *Lunade*. — Elles n'ont pas de base sérieuse, et la question reste ouverte... 12

§ 3. — Persistance du culte du soleil au moyen âge. — Fête du solstice d'été au 24 juin. — Fête de la Nativité de saint Jean-Baptiste fixée au même jour. — Les feux de joie condamnés, au VIIIe siècle, sous le nom de *nied fyr*, appelés depuis *feux solsticiaux*, et tolérés par l'Église sous le nom de *feux de la Saint-Jean*.. 14

§ 4. — Le port des idoles des faux dieux dans la campagne, condamné au VIIIe siècle; remplacé, depuis, par le transport des statues de saints. — La statue de saint Jean solennellement portée à la procession de la *Lunade*........ 26

§ 5. — Adoration persistante de la lune. — La pratique superstitieuse appelée *Vince, Luna*. — La procession de la *Lunade* commençait au lever de la lune, d'où est venu son nom................................ 30

§ 6. — Chez les Gaulois, la nuit précédant le jour, la période diurne commençait à l'entrée de la nuit. — C'est pourquoi la fête du solstice d'été commençait avec la nuit du 23 au 24 juin; la procession de la *Lunade* avait lieu et les feux de la Saint-Jean étaient allumés à ce moment............. 38

§ 7. — Résumé et conclusion. — La procession de la *Lunade* dut être longtemps une pratique profane avant d'être une cérémonie consacrée par l'Église à saint Jean. — Il n'est pas impossible d'admettre que ce changement fut opéré, grâce à l'intervention d'un saint religieux, en la calamiteuse année 1348.. 44

APPENDICE.

I. De l'idée qui, chez les anciens peuples, a présidé à la célébration du solstice d'été.. 48

		Pages.
II.	Des critiques élevées contre l'authenticité de certaines parties de la *Vie de saint Éloi*, écrite par saint Ouen..	50
III.	Distinction nécessaire entre le *nodfyr*, pratique profane du *feu tiré du bois par le frottement*, et les feux de joie *sacrilèges* appelés *nied fyr*............	51
IV.	Sur l'usage de porter, au *Tour de la Lunade* à Tulle, et à la fête de saint Jean dans tous les pays où elle est célébrée, des couronnes, chaperons et ceintures de fleurs et d'herbes médicinales.................................	55
V.	De certaines coutumes païennes observées dans les funérailles ou à la suite des funérailles, au moyen âge...	56
	1° Chants diaboliques sur le corps du défunt pendant la veillée funèbre.	56
	2° Les *sacrificia mortuorum* et hurlements, suivant le rite païen, pendant le transport du défunt à sa sépulture..............................	57
	3° Cantilènes, vociférations, grands bruits produits dans l'église, au moyen de bâtons ou autres instruments, pendant l'office des morts........	57
	4° Repas funèbre sur la tombe du défunt conformément au rite païen, remplacé, plus tard, par le repas funèbre donné dans le logis du défunt, au retour des funérailles...................................	58